La ley del soneto
(Antología personal)
Modesto González Lucas

Colección Baños del Carmen

Modesto González Lucas

La ley del soneto

(Antología personal)

EDICIONES VITRUVIO
Colección Baños del Carmen,
nº 1017

www.edicionesvitruvio.com

Primera edición, 2024

© Modesto González Lucas

© Ediciones Vitruvio
C/ Menorca, nº 44
28009
Madrid
Teléfono: 91 573 21 86

ISBN: 978-84-128946-3-9
Nº: 1. 678

La ley del soneto

Para Mary Carmen, después de cincuenta
años...

El medio es el mensaje
Marshall MacLuhan

Los sentimientos son la base de lo que los humanos han descrito durante milenios como el alma, o espíritu humano.

Antonio Damasio

El dedo que apunta a la luna

Gerardo Diego afirmaba que el soneto era "la forma más evangélica del continuo mensaje o envío de la poesía. La más canónica, la más intangible y perenne. El soneto ha durado ya siete siglos largos y es la mayor garantía contra la injuria del tiempo y la corrupción de la lengua".

El maestro zen chino Tenryû, por sobrenombre Gutei, le cortó un dedo a su discípulo tras ausentarse uno días del monasterio. El viejo maestro, cuando le preguntaban sobre el sentido del zen, siempre contestaba levantado un dedo. El joven discípulo hizo lo mismo durante el tiempo que su maestro le había dejado solo. Cuando regresó Gutei llamó al muchacho para saber qué había hecho durante su ausencia, entonces fue cuando le cortó el dedo con un cuchillo bien afiliado. Dicen que en ese momento el discípulo alcanzó la iluminación.

Según Confucio: "Cuando el sabio señala a la luna, el necio mira al dedo". Lo cierto es que, si un dedo señala un árbol, una mesa, un pájaro, etc. nos está indicando la existencia de un algo. No siempre el dedo señala a la luna.

¿Y la luna, el poder simbólico que representa en qué consiste? Es imposible emplear palabras para explicarlo, mejor guardar silencio o bien escribir un poema, porque como nos dice una vieja sentencia japonesa: "Al ladrón se le olvidó la luna en la ventana". Y es que la luna no puede ser convertida en un objeto con valor de cambio según Carlos Marx, es decir, en una mercancía, al menos hoy por hoy. La luna es para la cultura japonesa el símbolo de lo esencial.

Esta y no otra es la razón de ser del soneto, su ley, que como afirmaba Marshall MacLuhan: "el medio es el mensaje". El dedo, es decir, el soneto, el poema, es el mensaje que apunta a la luna, otra cuestión es el contenido de ese mensaje. Si no apunta a la luna no es un soneto, no es un poema. El gran Miguel Ángel lo dejó bien plasmando en el techo de la Capilla Sixtina. El dedo de

Adán es el que apunta, sin que se toquen, al dedo de Dios. Adán es el que apunta y Dios es el apuntado aunque que no todo el mundo esté de acuerdo.

Mientras te miro, escribo este soneto,
sostenido el aliento en cada verso.
Soneto XXVIII

Un descampado no es un páramo, aunque se parecen mucho. Tampoco es un despoblado, porque el descampado puede estar habitado y el despoblado por definición, no. El páramo es una realidad natural que nadie ha creado, el descampado, por el contrario, es obra del hombre, es un campo abandonado a su suerte y crece al margen de las grandes ciudades. No es un jardín, no es una huerta, no es un sembrado, no es una pradera, es casi un lugar maldito; tampoco es un desierto. Como escribe el profesor Antonio Gómez Ramos, el descampado es un "terreno sin edificar, sin cultivar, sin más vegetación que unas hierbas ralas, unas retamas y algún que otro cardo en verano; pero, sobre todo, es tierra desnuda y vacía, un suelo desigual que tanto cubre vertidos como los recibe, que no es ni civilización ni naturaleza, que no es ni campo ni ciudad, un campo que ha dejado de ser campo".

"Por principio -sigue escribiendo este profesor-, los descampados no son eternos: si durasen mucho tiempo, la naturaleza, incluso la del centro de la Meseta, acabaría por volver a hacer de ellos campo, venciendo pacientemente la presión de la ciudad que los determina. En el ínterin, un ínterin de decenios, es verdad, el no-lugar del descampado puede ser el espacio sin regular donde los niños de las casas cercanas lo mismo juegan al fútbol que aficionan sus primeras aventuras en tierras exóticas; donde los perros pueden olisquear sueltos sin que los dueños deban temer las iras de sus conciudadanos más canófobos; donde el paseante privado de campiña y de montaña puede deambular y ensoñarse, crear nuevos senderos; a veces, incluso, como atestiguan los pedazos de goma esparcidos por el suelo, puede ser el lugar de las experiencias eróticas nocturnas. Todo esto puede sonar triste, resignado, testimonio de lo marginal; pero indica bien claro que el no-lugar del descampado puede ser un espacio para la vida en su contenido más valioso. Que el descampado también puede ser el objeto y contenido de la poesía, incluso del soneto".

De la poesía, por supuesto, ya que el arte, la poesía, no tiene por qué ser bella; también puede ser desoladora. Podría estar relacionada con la mística, pero no, puesto que la poesía es un sentimiento compartido provocado por una emoción originaria, es decir, un acontecimiento en nuestras vidas que el poeta intenta expresar a través de la palabra. Y es que la mística, es decir, la poesía, no tiene nada de misterioso o de sobrenatural ni tan siquiera de religioso o, tal vez sí, al menos tal como a mi entender lo entendía Antonio Machado. Para este poeta todo era cuestión de que no nos es posible saber para qué sirve tener sed, es decir, vivir.

>Bueno es saber que los vasos
> nos sirven para beber;
> lo malo es que no sabemos
> para qué sirve la sed.

Por su parte Wittgenstein, en su Tractatus, escribe: "No como sea el mundo es lo místico sino que sea... El sentimiento del mundo como todo limitado es lo místico" 6.44 y 6.45. Así y no de otra manera es lo que pone de manifiesto, al menos lo he intentado, la inmensa mayoría de esta colección de sonetos de mi cosecha que he recopilado y corregido bajo el título: "La ley del soneto". Una ley vinculada "a los ritmos y a la calma, allí donde despierta esclarecido el oculto fulgor de la verdad" y, en definitiva, donde "aunado el palpitar de la existencia", doy fe de una bondad desconocida.

I
Raíz del corazón uno

Raíz del corazón, tan escondida.
En silencio debajo de la piedra,
enredado en el verde de la hiedra
asciende jubiloso y sin medida.

Raíz existencial. Vivir sin huellas.
Huracán contenido en la penumbra,
su potencial sin límites relumbra
hasta rozar la luz de las estrellas.

Resonancia del ser, donde reposa
en su profundidad sin fundamento
cimentado en el centro de la rosa.

Raíz sin tierra, corazón al viento.
Palpitar sostenido. ¡Tan gozosa
y libre la ascensión del sentimiento!

II
Raíz del corazón dos

Raíz del corazón, tan misteriosa;
donde la inmediatez de la existencia
aguarda el despertar de la conciencia
en la curva ondulada de la rosa.

Vivir es respirar, sonora losa
suspendida en el aire. La presencia
de la blanca azucena. La inocencia
de la mañana, azul y rumorosa.

En el alborear del descampado,
el esplendor del alba presentido
relumbra entre las sombras imposibles.

La palabra hecha luz. Reencontrado
el sosegado instante amanecido
en la voz de los ecos invisibles.

Hondo silencio
palabras imposibles
papel en blanco.

III
La ley del soneto

El soneto es un don de las alturas…
No basta con ponerse de puntillas,
más valioso es hincarse de rodillas
y abrirse a su bondad sin armaduras.

Un crisol de armonías y venturas
que pueden desvelar mil maravillas
y encender de rubor unas mejillas…
Algo más que tejer arquitecturas,

algo más que una técnica sin alma,
algo más que un esfuerzo desmedido…
el soneto es palabra en libertad.

Vinculado a los ritmos y a la calma,
allí donde despierta esclarecido
el oculto fulgor de la verdad.

*El descampado
amanece en invierno
desangelado.*

IV
Profundidad del descampado

Madrid es una raya horizontal
sumergida en las brumas del espacio,
se descuelga la tarde tan despacio
que parece flotar tras un cristal.

En los aires, las últimas palomas,
el asfalto embadurna el firmamento,
por todas partes bloques de cemento
que arrasan la dulzura de las lomas.

La ciudad distendida en el paisaje,
desdibujada por las inconstancias
de un crepúsculo gris contaminado.

Corrompida la luz, forma un encaje
de tinieblas que enturbian las fragancias
de la profundidad del descampado.

V
El descampado al aire

El descampado al aire, soledades,
en la distancia la ciudad se extiende
y un desteñido resplandor desciende
envuelto en deshiladas ansiedades.

Aires del descampado, inmensidades,
la luna entre los álamos asciende
arañando las ramas, se desprende
del horizonte rota en dos mitades.

La frialdad abre sus punzantes ojos
invadiendo la noche de luceros,
se impone una total melancolía.

Brillan como el acero los rastrojos
abriendo entre los surcos cien senderos
que avanzan hasta despertar el día.

VI
Invierno en el descampado

En los largos silencios de la tarde
el frío es un aullido contenido.
El instante caótico y cobarde
empapa de tibieza el sinsentido.

El invierno acuchilla la distancia,
palpita en la quietud de la arboleda.
La noche manifiesta su inconstancia
mientras el corazón se desenreda.

En la desolación de las tinieblas
la fría ondulación del descampado,
relumbra en su perfil la lejanía.

Avanza la alborada entre las nieblas
que rezuman los chopos, empapado
el resplandor azul del nuevo día.

VII
La "Alambrada del rechazo" sobre un dibujo de Pedro Sánchez, pintor

A veces las palabras enmudecen
y el silencio es un sordo culatazo,
un abismo de acero es el rechazo.
Al fondo las estrellas se estremecen.

En la desolación del descampado
silban las alambradas. El cemento
invade por completo el firmamento
y el suburbio amanece amedrentado.

Comienza el nuevo día. Se levanta
empapada de luz la madrugada,
la noche sumergida en su inocencia.

Un aire de cristal en la garganta
avanza incandescente. Iluminada,
la ciudad enfrentada a su impotencia.

VIII
Color crepuscular

La luz sobrecogida, inmensidades.
Color crepuscular metalizado,
frío, desolación en el costado.
El terraplén, trasfondo de ansiedades.

Vivir entre el cemento, soledades.
El alma rota contra el empedrado,
y el pecho, sin aliento, emparedado,
pidiendo a todas horas libertades,

reclamando la luz de la mañana.
Vivir en el suburbio maldecido,
dormidas las conciencias, atrapados.

La tarde silenciosa se desgrana
y el horizonte hundido en el olvido.
La noche se abalanza… descampados.

IX
La madrugada en el descampado

El corazón fundido en la distancia
en la honda soledad del campo triste,
la pálida alborada se desviste
hasta quedar sumida en su insustancia.

El corazón se gana cuando cede
a la profunda entrega consentida,
enlazada la muerte con la vida;
bañado por la luz, todo lo puede.

Desplegada la unción de la mañana
en el azul del aire, transparente,
acariciando lomas desmayadas.

Palpita el corazón, gozosa grana,
sumido en la inconstancia del presente,
rumiando soledades traspasadas.

X
Piel escarlata

Uncida al corazón, piel escarlata.
Penetrante esplendor que al pecho inflama,
esclarecido el rostro la reclama
en un amanecer de suave plata.

Curvo temblor que el rojo la delata,
apasionado instante, fulgor, llama…
El sentimiento inicia una proclama
que un viento enrojecido desbarata.

Finaliza la noche, el día avanza
sobre el rumor del campo somnoliento
sumido en un profundo escalofrío.

En el paisaje, al fondo, en lontananza,
la arboleda movida por el viento
se agita rumorosa junto al río.

XI
Espina

Laderas que la niebla difumina
en la honda ondulación de la distancia,
los rastrojos airean su fragancia
empañando el cristal de tu retina.

Herido el corazón, ardiente espina
que el pecho te traspasa. La sustancia
del tiempo, sostenida en la inconstancia
que te anula, penetra y te domina.

Laderas de silencio, descampado.
Te invade una presencia desde dentro
urdida en un vacío inadvertido.

Sin quererlo respiras, sosegado,
tocado el corazón en pleno centro
al socaire de un dios desconocido.

XII
Clamor

Primero fue un clamor, el descampado
como una plenitud de amanecida.
Primavera entre alambres suspendida.
El horizonte, al aire iluminado,

relumbra entre los surcos del sembrado.
La madrugada flota indefinida
empapándome el alma sorprendida.
Floreciente verdor desperdigado.

La mirada en las claras suavidades
de las laderas, la ciudad al fondo,
expandida en la hondura del paisaje.

Primavera interior. Las soledades
se instalan silenciosas en redondo,
el descampado es un radiante encaje.

XIII
Lomas de soledad

La soledad del alma se desata
en el hondo clamor del descampado,
frente a un atardecer atormentado
desteñidas las nubes de escarlata.

El sentimiento herido te delata
es un dardo clavado en el costado.
Relumbra el horizonte amoratado
en la brillante noche de hojalata.

Madrid es un temblor en la distancia
que el invierno acrecienta y desparrama.
Lomas de soledad desdibujadas.

El corazón, sumido en la inconstancia,
en cada palpitar una proclama
anunciando alboradas desatadas.

XIV
Corazón loco

Llueve en silencio, el alma en movimiento.
La distancia palpita en el paisaje,
cruda realidad, plomizo encaje,
paredón de granito y de cemento.

La lluvia es un rumor, recogimiento,
en los aires del páramo. Coraje
de vivir, enfrentado a un oleaje
de ansiedades herido el sentimiento.

Las hojas de los árboles se agitan,
relumbran en los aires, un instante
en la húmeda extensión de la mañana.

Las verdades se ocultan dentro, ¡gritan!
Corazón loco, lúcido, gigante,
enfebrecida flor de ardiente grana.

XV
Un tiro en la cabeza

Un día me levanto de la cama
y me disparo un tiro en la cabeza.
Se llenará mi casa de tristeza,
de soledad se cubrirá la rama

que golpea el cristal de la ventana.
Resbalará la sangre por mi cara.
Las manos alargadas, la piel clara.
Desteñido el azul de la mañana.

No habrá para mis huesos sepultura
bajo el negro ciprés de un camposanto,
me pudriré perdido en la ladera.

Pero un día, vencida la amargura,
despertaré envuelto por el canto
que proclama una nueva primavera.

XVI
La muerte es un temblor

La muerte, siempre, impone su derecho,
nos hunde en el sabor del sinsentido,
nos deja el corazón ensombrecido,
nos arrebata, nos aplasta el pecho;

nos sumerge del todo en el estrecho
ámbito del vacío desmedido;
en el aire el aliento suspendido.
La muerte es un temblor siempre al acecho.

El silencio fundido con el grito
hasta descomponerse en mil pedazos,
acorta el horizonte su distancia.

La mañana se abre al infinito,
nos acoge amorosa entre sus brazos
dejándonos flotar en la insustancia.

XVII
Nuestra rosa

La salud es un don y si la tienes,
no la derroches, vale más que el oro,
mucho más que el dinero, es un tesoro…
si malvives, apenas la mantienes.

Cuando hay salud, la vida te sonríe,
las ventanas se abren al paisaje;
en el mar resplandece el oleaje;
el día es transparente, el viento ríe.

La enfermedad nos hunde a los humanos,
la muerte nos araña, la cabeza
nos da vueltas, el cansancio es una losa.

La salud es como agua entre tus manos,
se escapa entre los dedos…, la entereza
es nuestra fortaleza, nuestra rosa.

XVIII
Un amargo sabor

Todas las tardes, un furgón de muerte
cruza la plaza de la mancha oscura,
el crepúsculo muestra su locura
entre las sombras de la mala suerte.

Apagadas las iras del verano,
hay un aire de lluvia en las esquinas
y un amargo sabor a anfetaminas
en el hondo temblor del suburbano.

Rendida la mirada, sin reflejos,
tras un anochecer embravecido,
los ojos no conocen la mañana.

La noche derramada en los espejos,
abierto a un infinito malherido
en el hueco sin luz de la ventana.

XIX
Otoño atormentado

Repuntes de verdor entre el cemento
testigos de un otoño atormentado
derrumbada la luz del descampado
en el hondo temblor del firmamento.

Las lomas desdobladas contra el viento.
El farol de la esquina desquiciado
alarga su figura estrangulado
proclamando la cruz de su tormento.

Se vuelven multitud las soledades
sobre el sucio cartón del sinsentido.
Al rencor se lo tragan las letrinas.

El ocaso agotó sus ansiedades.
La vida es un valor embravecido,
un sabor agridulce de aspirinas.

XX
Desangelada primavera

El grito desgarrado, solitario,
en el vacío de un rincón cualquiera.
Olvidada quedó la primavera
en la oscura conciencia de un sicario.

Agotada en su goce imaginario,
fundida por completo la quimera.
En los ojos de fuego de la fiera
se esconde la pasión del incendiario.

La luz en las pupilas de los muertos.
El silencio enredado en la alameda
aquietadas las hojas en el viento.

Sosegados crepúsculos inciertos
en la desolación de la arboleda,
el corazón fundido en su tormento.

XXI
Vivir en plenitud

Primavera ondulada en los trigales,
claridad del crepúsculo en el viento,
plenitud transparente en el aliento,
silenciosos espacios verticales.

En los cielos, abiertos manantiales.
Trenzado el corazón. Presentimiento.
Atardecer, temblor, de amor sediento
penetrado por íntimos puñales.

Primavera encendida. La llanura,
inmensidad pendiente de la noche,
palpita rumorosa en los sentidos.

Primavera de amor, honda locura.
Vivir en plenitud, dulce derroche...
y los aires al alba florecidos.

XXII
Lirios encendidos

Interiores en paz, amortiguados.
Los sueños son el don del inconsciente.
Se ondula aletargada e inconsistente,
la noche con sus aires emplomados.

El alba en los cristales, descampados.
Y la lluvia, resuelta en su fragancia,
empapando la tierra. Resonancia.
Rosado resplandor en los tejados.

Los árboles se agitan sorprendidos.
El rojo desteñido en la mañana
desatada la luz, libre, sin freno.

Hay un temblor de lirios encendidos,
un fulgor renacido en la ventana.
Tranquilo el corazón... ¡y tan sereno!

Hondo silencio
arriba en los tejados
la luz del alba.

XXIII
La norma de la luz

El vacío es la esencia de la forma.
La calma del instante me traspasa,
resuena el corazón, me sobrepasa.
La mañana es la senda de la norma,

la norma de la luz que me transforma.
Me adentro en el sosiego de la casa,
penetro en su quietud, el tiempo pasa.
La claridad fundida con la forma.

El vacío es la esencia de la nada,
donde despierta el ser, en la fragancia
del clamor penetrante de los montes.

En el silencio vibra la alborada.
La ventana es un eco en la distancia,
traspasando encendidos horizontes.

XXIV
Como si tú fueras dios

Me miras como un dios… desde lo alto,
me traspasas, me dejas sin aliento.
Vencido, se me agota el sentimiento.
En el fragor, me tomas por asalto.

Me invade un resplandor, un sobresalto…,
se me nubla impotente el pensamiento,
me rompo desmayado contra el viento.
Como si fueras dios… desde lo alto.

Me entrego por completo en el trasvase,
trasvase de la forma, penetrado
por un dardo de amor inadvertido.

En la quietud me fundo con la base,
me adentro en el silencio. El descampado
es un puro clamor insostenido.

XXV
Esencia que me salva

Mi corazón desciende hasta la base,
fundido en el silencio, abierto al alba.
En la quietud teñido por el malva
se sublima en un íntimo trasvase.

Trasvase de la forma, oscura fase,
que unifica la esencia que me salva.
Hondura germinal, brillante al alba...
mi corazón desciende hasta la base.

Me dejo conmover por los temblores
del intenso clamor de la existencia
traspasada la piel del sentimiento.

Alegre de sentir los resplandores,
en calma, sin apenas resistencia,
mi corazón fundido con el viento.

La rosa roja
que cortaste ayer tarde
late en tu pecho.

XXVI
El sueño de una flor

Si pudiera beber todo el ardor
de un beso tuyo, no me importaría
vaciarme el corazón en ese día
en el cáliz sin fondo de una flor…

Si pudiera sentir todo el calor
de tu cuerpo en mi cuerpo, alumbraría
la noche de tu vientre y alcanzaría
el despertar del día en su esplendor…

Si pudiera tenderme en tu mirada,
desnudarme en el fuego de tus ojos,
despertando inocencias sorprendidas

al filo de una dulce madrugada…
Si se descerrajaran los cerrojos
que ahogan nuestras almas malheridas…

XXVII
Ébano dorado

Las lomas como el ébano dorado,
como ondulados pétalos de rosas;
sus curvas, traslúcidas, sedosas,
en el hondo clamor del descampado.

La mirada, un crepúsculo callado.
Las horas cual palomas rumorosas
me empapaban el alma luminosas.
Su corazón latía desarmado.

El verano flotaba en sus aromas
impregnando excitante su indolencia,
endulzando la luz de su semblante.

En la ondulada curva de las lomas
irradiaba el silencio en su presencia,
su plenitud se alzaba penetrante.

XXVIII
Soneto de amor

Mientras te miro, escribo este soneto,
sostenido el aliento en cada verso.
Claridad del instante, en él inmerso,
para tu corazón, cauce secreto.

Para tu corazón, cauce secreto...
Desvelada la luz en cada verso
me adhiero en alma y cuerpo a tu universo
hasta quedar fundido por completo.

Cristal del aire, torre que levanto
sobre este corazón limpio de espinas,
empapado del todo en tu fragancia.

Plenamente sonoro, dulce canto.
Rutilantes estrellas cristalinas
suavizan el temblor de la distancia.

XXIX
En el huerto de los castaños

Me quisiera dormir como los muertos
y ser tan sólo un muerto sin remedio.
Y que me entierren en la hierba, en medio
de los castaños, los ojos abiertos,

la mirada en el cielo azul perdida
buscando el corazón del infinito.
Quisiera estar dormido en el bendito
ensueño de la calma sin medida.

Y en un atardecer inesperado
percibir la caricia del arrullo
de los latidos de tu corazón.

Toda una eternidad enamorado,
sintiéndome completamente tuyo,
ahora que revivo en tu emoción.

Leganés

Bajo la cúpula
serena de los cielos
nada se oculta.

XXX
Lomas de Móstoles

Primavera encendida en rojos vivos,
invasión de amapolas por la tierra,
al fondo recortada gris la sierra
entre el negro temblor de los olivos.

El campo desplegado al nuevo día.
El lomo de las lomas resplandece.
La luz de la ciudad se desvanece
derrumbada en la turbia lejanía.

El azul, en lo alto suspendido,
se expande desvaído y desmayado
en esta sorprendente madrugada.

Amanece solemne y bendecido
en el ancho perfil del descampado
empapada de rojo la mirada.

XXXI
Lomas de Alcorcón

Ahora, en la mitad de mi existencia,
medio siglo enraizado en sus entrañas
se endulzan transparentes las montañas
que arroparon la luz de mi inocencia.

La tarde se serena en la distancia,
relumbra temblorosa en sus reflejos.
En el aire, ondulándose a lo lejos,
el recuerdo añorado de la infancia.

Rutilante la noche se despliega
sembrada de fugaces luminarias,
en las lomas el viento se sosiega.

La luna silenciosa se levanta
aquietando el temblor del horizonte,
el corazón madura mientras canta.

XXXII
Lomas de Getafe

Atardecer de suaves resplandores,
lomas de soledad horizontales,
y Madrid, entre nieblas de metales,
se expande en un reflujo de rumores.

La distancia amansada en sus colores.
De nuevo reverdecen los trigales
que incipientes relumbran invernales
ondulando a lo lejos sus temblores.

El aire me acaricia la mirada,
me levanta el instante iluminado,
calmado el corazón, se duerme el día.

La noche, transparente, silenciada,
subraya la quietud del descampado,
tu presencia es el don de la alegría.

XXXIII
Lomas de Fuenlabrada

El perfil de la tarde se aquietaba
en los sentidos, sosegada el alma.
Anochecía el aire. Por la palma
de los llanos el verano cabalgaba.

Cuando la oscuridad le penetraba
se enturbiaba el espejo de la calma
acariciando la raíz del alma.
La grandeza del campo se achicaba.

Los miedos de la noche se enconaban
en el seno profundo de las lomas,
en los hilos del alba se enredaban.

¡Amanecía el día alborozado
elevando la luz del horizonte
en la honda quietud del descampado!

XXXIV
Ermita de Butarque

Cipreses en la tarde, descampado,
expandida la luz en los colores
agrisados del aire. Resplandores
de la hora en el crepúsculo morado.

Altos del terraplén, el cementerio,
desolada mansión de la Señora
donde duermen los muertos. Vencedora,
la muerte recogida en su misterio.

Y Madrid parpadea en la distancia.
La lluvia es un rumor, un movimiento
enredado en los álamos del parque.

La noche endulza la sutil fragancia
que despiden los muertos en el viento,
¡ruega por ellos, Madre de Butarque!

XXXV
Nuestra Señora de Butarque

¡Salve, Madre y Señora de Butarque!
entrañas de la tierra cultivada!
Se divisa el perfil de tu morada
entre los altos álamos del parque.

Por el fruto en tu vientre concebido
bendecida entre todas las mujeres:
Deméter ancestral, fecunda Ceres.
El terraplén al aire esclarecido.

Señora de los campos y los huertos,
peinadora del viento peregrino,
en la luz, celebramos tu misterio.

Divina Soberana de los muertos,
al final de la vida y del camino
nos acoge en su paz tu cementerio.

XXXVI
Iglesia de San Salvador de Leganés

Enrojece el crepúsculo sus brazos
en la desolación del descampado
donde los dioses juegan a los dados
con el vientre cubierto de arañazos.

Desparramada y rota en mil pedazos
la sustancia del día, aires cruzados.
Corrompido el marrón de los tejados
se ensombrece la tarde en los ribazos.

Dinosaurio de parda arquitectura.
La torre es un pincel. Los cielos rojos.
Las nubes recrudecen la entelequia.

Oscurecido el sol en la llanura
resplandece la luna en los rastrojos,
el dios de la ciudad es una acequia.

XXXVII
Barrio de San Nicasio

Ropa blanca ondeando al claro día,
encaje de ladrillos y cemento,
laberinto de calles sin aliento.
¡Barrio de San Nicasio, tras la vía!

La ciudad, a lo lejos, ancha y fría,
desteñido el azul del firmamento.
El temblor del crepúsculo en el viento
agotada en su luz la lejanía.

Con una sobredosis de heroína
los jóvenes se matan en el parque
en el crudo amargor de su impotencia.

El barrio se me duerme en la retina,
anochece a la sombra de Butarque
añorando el candor de la inocencia.

XXXVIII
El patio del colegio "Lepanto"

Un silencio encendido de rumores
en el recuadro del cristal del cielo.
El patio del colegio es un revuelo,
un inquieto vibrar de resplandores.

Tiempo de soledades, de interiores,
de claras resonancias, de desvelo.
La lluvia cae mansa sobre el suelo
y en los charcos palpitan los colores.

La húmeda tibieza del invierno
invade el corazón de la mañana,
su latir modulado y sosegado.

El patio del colegio es un eterno,
un infantil clamor en la ventana,
la inconsistencia envuelve al descampado.

XXXIX
El hospital Severo Ochoa

El hospital despierta atravesado
por un silencio de pasillos blancos.
El sosiego, ahogado en los barrancos
oscuros del insomnio amortiguado.

El alba, ensordecida en los cristales,
presiente el renacer de un nuevo día.
Morado el corazón, melancolía
empapando la piel y los metales.

Los vencejos relumbran contra el viento
con el sol en las alas. Los tejados
encendidos anuncian la mañana.

La ciudad sumergida en el cemento
rodeada de crudos descampados.
El día resplandece en la ventana.

XL
El camino del cementerio

Los muertos y los jóvenes recorren
la senda enrojecida de la tarde.
  La transparencia de los cielos arde.
Los dedos del crepúsculo descorren

los blancos cortinajes de los cielos.
En la desolación del cementerio
aletean las sombras del misterio
rozando los cipreses con sus vuelos.

Los muertos y los jóvenes pasean
con los pies y los ojos desatados.
El día silencioso se desploma,

los cipreses al fondo se clarean,
transparentes de luz, amoratados,
suspendidos en lo alto de una loma.

XLI
Polvoranca uno

En la inmovilidad clara del llano,
Polvoranca al sol tibio del invierno.
Las ruinas recortadas en eterno
decaimiento, horizonte azul lejano.

Sosiego en el principio de la tarde.
Hondura horizontal. Agua profunda.
La luminosidad todo lo inunda.
La soledad en mis entrañas arde.

En las ondas del aire se adelgaza
la penetrante luz, inmensidades.
La quietud del silencio en la mirada.

La tarde enmudecida se desplaza
con pausa intranscendente. Claridades,
sostenida la calma inalcanzada.

XLII
Polvoranca dos

En Polvoranca todos los caminos
se pierden, soledad del campo triste.
La tarde moribunda se resiste
a declinar, los aires peregrinos.

Abiertos descampados cristalinos
que el viento del crepúsculo desviste.
Y agotada la luz, la noche embiste
con la ceguera de los asesinos.

Tiembla el invierno en el fondo del llano,
Polvoranca es un barco embarrancado
rodeado de un mar de negra tierra.

Y tras la oscuridad surge el verano,
radiante amanecer, al alba alzado,
¡toda la claridad a él se aferra!

Ausentes

Un abanico
para avivar la luz
de tu mirada.

XLIII
A mi madre muerta en paz

La amargura está en los ojos del mar
y en la oscura distancia de la muerte.
Aquel mazazo sin voz fue tan fuerte…
ya nada te podía despertar.

Un temblor te dejó paralizada,
hundida en un silencio desmedido.
El viento de la noche te ha vencido,
a ti, que eras la dulce madrugada.

La tristeza es un nudo en la garganta,
un pozo de amargura el corazón,
en él me adentro hasta tocar el fondo.

Despunta el nuevo día, se agiganta
la luz en la mañana. Una oración
ruega por tu descanso en lo más hondo.

XLIV
Pilar

La muerte se detuvo en su almohada,
paralizó su corazón, sin puerta,
sin barreras... Pilar estaba muerta,
el silencio encharcaba su mirada.

Sumida en la quietud, trasfigurada;
apagada por dentro, al aire abierta.
La eternidad era una dulce oferta,
una anhelada calma inaugurada.

Por pálidos pasillos sin ventanas,
por grises ascensores de bajada,
por oscuras estancias sin rincones,

te fuiste para siempre, sin mañanas
que despertar, la noche liberada.
Habitarás en nuestros corazones.

XLV
Al Cristo de Luis Arencibia

Cristo del esperpento carcomido,
por la espalda sangrante, amargo río.
Cristo sin alma, Cristo del vacío,
su volumen se agolpa en el sentido.

Despojo del silencio y del olvido,
carcasa del pecado, escalofrío;
trastocada pasión, rictus sombrío,
irónico lamento sorprendido.

Colgado de la cruz de la ballesta,
apuntando a las sombras de la nada,
extraña humanidad, sorda protesta;

calavera brillante; luz cobarde.
Enmudecida flecha disparada,
perdida en las tinieblas de la tarde.

XLVI
Ángel Olea

La dulce plenitud del mediodía
brillaba en la ventana. Silenciosa,
la muerte de morado y frío rosa
te amansó el corazón en tu agonía.

Un velo de impotencia descendía
por las paredes, agria nebulosa
trasmutada en doliente mariposa
con las alas color melancolía.

Te quedaste en silencio. Sin un grito.
Abierto al paraíso. Apaciguado.
Destilando ternura en los rincones.

La muerte es el final, el infinito,
un horizonte abierto al descampado
en la rueda de nuestros corazones.

XLVII
Anita

La casa está en silencio, suspendida
en la calma que irradia la mañana.
Anita se levanta, su ventana,
como su corazón, frente a la vida.

La anciana comunista se adormece
en el remanso gris de la memoria,
sonríe acariciada por la historia...
España en libertad, hoy, amanece.

Los años de la guerra en su mirada,
la cárcel y el exilio en la distancia...
Jamás se le han doblado las rodillas.

Se expande en el azul la madrugada,
se agolpan los recuerdos de la infancia
y Euskadi es un rosal en sus mejillas.

XLVIII
Adolfina Ferreras Sánchez

Una madre tras la muerte de un hijo

Adolfina sentada entre las flores
estaba como ausente. La tristeza,
diadema de cristal en su cabeza,
la sumía en intensos sinsabores.

Fundidos en el negro los colores.
Trenzado el corazón. Sin aspereza.
Arruinada su tierna fortaleza
en un atardecer sin resplandores.

El dolor es un manto amoratado
que la aplasta, que la hunde en el vacío.
Un temblor vertical a cada lado.

Una espina en el pecho desmedida.
Un golpe de silencio. Un desvarío.
Un quedarse en el aire suspendida.

XLIX
Manolo Parque, cantaor

Cuando alumbra su voz Manolo Parque,
un clamor de azucenas se despierta
en el crisol de su garganta abierta:
palomas en la luna de Butarque.

Cuando alumbra su voz Manolo Parque
—corazón sostenido, siempre alerta—,
la madrugada es una inmensa puerta
en el nocturno mágico de un parque.

A un incendio sin límites se entrega
con los ojos cerrados mientras canta,
los puños atrapando el sentimiento.

Un potro de cristales se despliega
a golpes de metal por su garganta,
bendecido su pecho por el viento.

L
Manuel Rodríguez Sales, clarinetista

El músico que vino de Valencia

La ciudad amanece en la distancia,
las ventanas abiertas. Todo duerme
mientras el resplandor se expande inerme
entre las tibias sombras de la estancia.

A la ley del silencio se somete,
sostenida la música insonora
en los aires morados de la aurora,
anuncia la mañana un clarinete.

Al ánimo le invade por completo
liberada la voz del sentimiento
la cadencia de azules melodías.

Se diluye la noche en su secreto
sobrepasando muros de cemento,
flotando en orientales fantasías.

*Nadie es de nadie
en el aeropuerto
tampoco el aire.*

LI
Nueva York

Ciudad de Nueva York, urbe incipiente,
soledad de cristales por los cielos.
El cemento despliega sus anhelos
ondulando su imagen bajo el puente.

Metálico paisaje incandescente,
paredón de elevados rascacielos.
Las gaviotas enredan sus revuelos
en las serenas horas del poniente.

Nueva York se levanta desde el fondo,
poderosa metrópolis flotante
salpicada de luz su arquitectura.

Manhatan, en su ingrávido trasfondo,
despliega por los aires incesante
su pasión obsesiva por la altura.

LII
Philadelphia

El cielo de la tarde se cargaba
de ternura y de lluvia, se fundía
con el crepúsculo el color del día.
Filadelfia ciudad se amortiguaba.

El temblor de la sombra penetraba
en las miradas de los hombres. Fría,
la lluvia con desgana descendía.
La noche en su raíz se desmayaba.

Las calles rumorosas y encendidas
se alargaban buscando el infinito
pintadas de graffiti sus paredes.

Mariposas sin sueño, presentidas
en las ondas opacas del instinto.
La muerte desplegaba azul sus redes.

LIII
Washington

Washington se despliega en la pradera,
se refleja imperial en los espejos
del río Potomac. Allá, a lo lejos,
un intenso clamor de primavera.

Washington se expansiona poderosa.
El Capitolio, pura arquitectura,
levanta por los aires su blancura.
La pradera en el alba de la rosa.

En Arlington, la lluvia en las colinas
acaricia el silencio de los muertos.
Un temblor de esmeralda en las retinas.

Washington entre luces anochece,
y en el despacho oval del presidente
el mundo sin saberlo se estremece.

LIV
Londres

Londres es la raíz del laberinto.
El bullicio enredado al movimiento
resuena en el reloj del Parlamento.
El Minotauro, fiero por instinto

aguarda amenazante en Covent Garden.
La lluvia desdibuja los tejados
intermitentemente desdoblados.
Que a Teseo los dioses le guarden,

que regrese a su patria salvo y sano
después de haber matado al Minotauro.
El "British" es la caja de Pandora.

Cabalga en la tibieza del verano
el Támesis a lomos de un centauro
y Londres es un gran reloj sin hora.

LV
Irlanda

Irlanda, verdes lomas plateadas
en la brumosa calma del poniente...
La pasión de un país independiente
en el iris azul de las miradas.

Sonoras soledades de esmeralda...
Lloviznea sin pausa, cristalino,
sobre una cruz de piedra en el camino,
el llanto de los cielos por la espalda.

En el aire, una antigua melodía,
nace en el corazón de una muchacha,
habla de libertad... melancolía...

se extiende combativa por los montes.
Irlanda, una isla frente al mar inmenso...
¡acantilados de altos horizontes!

LVI
Dublín

El mar era el inicio. La jornada
a duras penas levantaba el vuelo.
La ciudad de Dublín, curvado el cielo,
mostraba su silueta anaranjada.

A *Leopoldo Bloon* la madrugada
le confundía el ánimo. Un revuelo,
y en su interior un trastocado anhelo.
Molly Bloom al final de la escapada.

A *Leopoldo Bloom* se le disloca
su Ítaca presentida, rebajado
a ser un hombre más entre la gente

enredado en el Juego de la Oca
en la red de las calles dibujado.
Dublín amanecía intrascendente.

LVII
Praga

Franz Kafka, con el ánimo sombrío,
se imagina a su padre amortajado.
La culpa atravesándole el costado
enredada en un hondo escalofrío.

La ciudad es un puente sobre el río.
Clamor en el crepúsculo dorado.
El tiempo se detiene ensimismado
en los relojes del barrio judío.

Al mecerse la tarde bajo el puente,
Praga es como un excelso laberinto
de rincones perdidos en la historia.

Traspasado el espejo de su frente,
Franz Kafka se atormenta por instinto
a través de la piel de su memoria.

LVIII
Moscú

En la cruz de Moscú, la Plaza Roja.
La neblina acaricia el empedrado
enredada en las botas de un soldado.
Rusia es un corazón que se deshoja.

En la cruz de Moscú, la Plaza Roja.
Como un sueño perdido en el pasado
Lenin es un difunto embalsamado.
Una revolución sin vuelta de hoja.

Se rompió el eslabón de la cadena,
crujieron las promesas infundadas
y Moscú es un inmenso espejo oscuro.

El temblor de la noche se serena
sobre las altas cúpulas doradas,
el silencio es un manto de futuro.

LIX
San Petersburgo

San Petersburgo flota en los cristales
del agua, frío verde transparente.
Resplandece en la curva del poniente
a través de encendidos ventanales.

La ciudad tiene un aire de metales.
El Aurora se oxida irreverente
dejándose mecer por la corriente,
la tarde oscurecida en los canales.

Bajo las calmas de sus noches blancas,
la ciudad en silencio se renueva
aferrándose al gris de la añoranza.

Movidos por mecánicas palancas
se abren los puentes sobre el río Neva
y la noche amenaza en lontananza.

LX
Varsovia

En Varsovia llovía en la inclemencia,
y Jesús, con la cruz sobre los hombros,
soportaba el horror de los escombros,
sus labios rebosaban impotencia.

La tarde derrumbada en la distancia,
oscura y solitaria, anochecida.
En el aire la calma bendecida
con el don de la lluvia, resonancia.

Capital de arruinada valentía.
El pálido candor de la anorexia
en los ojos azules de la gente.

En la calle Cracovia atardecía
y un mendigo a la puerta de una iglesia
se dejaba empapar impunemente.

LXI
Berlín

En *Alexanderplatz* cruces gamadas
en oscuros entronques iniciales.
El salvaje esplendor de los metales
relumbra en el azul de las miradas.

Ángeles con las alas desplegadas
coronando columnas imperiales
anuncian alboradas de cristales
más allá de las puertas liberadas.

La ciudad, consumida en la impaciencia,
se transforma segundo tras segundo
cargada de futuro y de añoranza.

Berlín es un temblor en la conciencia,
un nudo en el estómago del mundo,
un portalón abierto a la esperanza.

LXII
Estocolmo

Estocolmo se ondula silenciosa
sobre el rizo esmeralda de las aguas.
La Gamla Stan se llena de paraguas
bajo la lluvia, tarde rumorosa.

Las gaviotas detienen su revuelo
en la calma irisada del poniente
que se abre sosegado y transparente
en la blancura boreal del cielo.

Los barcos con sus velas desplegadas
navegan embebidos de elegancia
llevados en volandas por los vientos.

Las viejas torres se alzan afiladas
penetrando el clamor de la distancia,
mecida la ciudad en sus cimientos.

LXIII
Atenas

Las calles confundidas con la noche
en la mirada oscura de la gente,
puñales del crepúsculo en la frente.
La Acrópolis brillaba como un broche

en la línea gris del horizonte.
La ciudad se mostraba amedrentada,
hundida en la injusticia, desquiciada.
Y Atenea , en lo más alto del monte,

le daba las espaldas a los hombres.
La diosa se rompía en mil pedazos
en la desolación de su inclemencia.

Los atenienses, sin rostros, sin nombres,
incendiaban la calle a fogonazos
con sus gritos de rabia y de impotencia

LXIV
Roma

Trata de no mirar sus monumentos,
caminante, si a Roma te caminas
Rafael Alberti

Roma en el verde eterno de sus pinos.
La ciudad se sumerge en los espejos
de la historia, dorando sus reflejos.
En Roma se confunden los caminos.

La plaza de San Pedro en las alturas
desplegado el espíritu en la tarde,
humanizando el cielo en un alarde
que levanta un clamor de arquitecturas.

El Tíber atraviesa silencioso
el corazón de la Ciudad Eterna
y el día se derrumba tembloroso.

La noche se oscurece en los tejados,
y los gatos se ocultan en el Foro
entre dioses de mármol mutilados.

LXV
Florencia

*Donatelo falleció el 13 de diciembre
de 1466. Su tumba se encuentra
en la cripta de San Lorenzo.*

La cúpula del Doumo levantaba
por los aires su gloria. Amanecía.
El velo de la noche descendía
y en las aguas del Arno se ondulaba.

La Toscana en silencio desvelaba
el lento resplandor del nuevo día.
La mañana, en sonora sintonía,
las calles de Florencia iluminaban.

La ciudad despertaba rumorosa
con sus tejados rojos bajo el cielo.
San Lorenzo, brutal en su fachada,

guardaba en su interior tan orgullosa
la tumba del maestro Donatelo.
Florencia renacía deslumbrada.

LXVI
Estambul

Si la Tierra fuese un solo estado,
Estambul sería su capital.

Napoleón Bonaparte

La ciudad anochece entre dos mares.
Blancos como afilados estiletes
en el aire los altos minaretes.
Las calles atestadas, a millares,

gente por las aceras, gente, gente...
con sus pesados fardos sin aliento.
La voz del almuecín flota en el viento
fundida con el oro del poniente.

En la solemne noche abovedada
despuntan diamantinas las estrellas.
Estambul enmudece deslumbrada.

La luna se levanta agigantada
entre las cúpulas de las mezquitas.
La plaza de Taksim arde indignada.

LXVII
Túnez

En la ancha inmensidad de la distancia
el brumoso perfil de Cabo Bueno.
La ciudad de Cartago bajo el cieno
en la más desolada resonancia.

Se recortan los blancos minaretes
contra el deshilachado azul del cielo.
La voz del almuecín alza su vuelo
y al galope se alejan tres jinetes.

Inmersa en el silencio la medina
amanece flotando en sus aromas,
el alba se estremece en cada esquina.

Y la mar, incipiente y perfumada,
impregnado de luz el horizonte,
se adentra luminosa en la mirada.

LXVIII
Lisboa

Lisboa con su cándida nobleza
al final de la noche. Enmudecida,
la aurora se mostraba enrojecida
y el Tajo amortiguaba su tristeza.

La *Praça do Comércio* despertaba
al plácido rumor del nuevo día
con la lluvia en sonora sintonía.
La tibieza del cielo se poblaba

de gaviotas llevadas por el viento
y el lejano tañer de una campana
impregnaba los aires de añoranza.

Lisboa, capital del sentimiento,
en sus calles la luz de la mañana
enfrentada a la mar en lontananza.

LXIX
Marrakech

*Quien no haya visitado, al
menos una vez, la plaza de
Xmáa-el-Fna, nunca podrá
asegurar que ha vivido*

Pablo Cerezal

En Marrakech creí volverme loco.
Venía con los vientos del desierto
a las espaldas. El paisaje abierto,
barrido sin piedad por el siroco.

La plaza era un festín incandescente,
un oscuro revuelo de sabores
enredado en el aire. Resplandores
como ascuas en los ojos de la gente.

Al fondo de la noche entre los ecos
y el rumor de la plaza, amoratada,
la luna se elevaba hecha jirones.

Marrakech era el alma de Marruecos,
la voz del almuecín de madrugada
resonaba por todos los rincones.

LXX
Casablanca

¿Dónde está el dichoso
bar americano?
Pablo Méndez

El tiempo se detuvo en Casablanca,
la guerra desgarró dos corazones,
el reencuentro inesperado arranca
un sentimiento vivo hecho jirones.

La tristeza en la luz de su mirada,
rendido el corazón, cada latido
es un sonoro cañonazo. Nada
en el amor se pierde en el olvido.

"Sam, tócala de nuevo". Renacía,
como un susurro suave de palomas,
el sentimiento roto en el pasado.

"Sam, cántala". Y la vieja melodía,
impregnada de ausencias y de aromas,
iluminaba un rostro enamorado.

LXXI
Jerusalén

Una vez más, Jerusalén se iba a convertir en campo de batalla. Sus muros sólo pertenecerían a aquellos que supieran conquistarlos y guardarlos
Dominique Lapierre y Larry Collyns

Jerusalén amansa sus murallas
mientras declina el día incandescente.
Siete puertas abiertas. El poniente
levanta un griterío de batallas.

¡Jerusalén!, ¡Jerusalén!, ciudad
de crepúsculos lentos, de colinas
acariciadas por el viento, de esquinas
marcadas por la cruz, oscuridad.

Desplomada la noche, los rumores
ensordecen sus viejas callejuelas,
airean las especias sus aromas.

Las sombras acrecientan los rencores,
relumbran los aceros, lentejuelas
en el pecho sin paz de las palomas.

LXXII
El mar de Galilea

Si no el que anduvo en la mar
Antonio Machado

El mar de Galilea alboreaba
arriba en las montañas, renacía
amoratado en la honda lejanía,
la luz del horizonte relumbraba.

Al final de la noche caminaba
sobre el cristal del agua, acariciado
por las olas, el rostro iluminado;
el viento a sus espaldas susurraba...

Caminaba anunciando el despertar
de la aurora, abriendo resplandores
donde antes sólo había oscuridad.

Era el Cristo que andaba sobre el mar...
El aire desplegaba sus albores
y en los cielos todo era claridad.

Chile
LXXIII
Santiago de Chile

Soy profesor de un liceo oscuro
he perdido la voz haciendo clases
Nicanor Parra

En Santiago de Chile anochecía
manchado de metálicos reflejos,
tras un turbio destello de azulejos
se derrumbaba por completo el día.

Un subido color melancolía
desteñía el cristal de los espejos
y entre un clamor de perros a lo lejos
el vientre de la luna relucía.

Le lamía la piel al empedrado
la tarde en encendidos arrebatos
arañando las sombras con su garra.

A esa hora, los ojos en morado,
mojándole la lluvia los zapatos,
rescataba su voz Nicanor Parra.

LXXIV
Monumento a Salvador Allende

El monumento a Salvador Allende
recorta su silueta contra el cielo,
entre los árboles la luz desciende
hasta posarse blanda sobre el suelo,

su volumen perenne y circunspecto
se curva en el cristal de una ventana.
La plaza es un rectángulo perfecto
enmarcando el clamor de la mañana.

Unos niños, con flores en las manos,
se acercan en silencio al monumento.
El aire es un revuelo de arboledas.

La libertad germina en los arcanos,
resplandece alumbrando el pensamiento.
Y se abrirán las grandes alamedas...

LXXV
Desierto de Atacama

Cuando cae la tarde en Atacama,
el silencio me invita a abrir los ojos.
Se incendia el horizonte, altos y rojos,
los aires enturbiados de Calama.

La inmensa soledad se desparrama,
amarga en el salitre; sus despojos,
se arrastran entre piedras y matojos.
La lluvia es imposible en Atacama.

Chuquicamata es una brecha abierta
por donde expulsa el cobre su veneno
que mata a los hombres, lentamente.

El aura del crepúsculo en alerta
mientras se difuminan en su seno
Los Andes enfrentados al poniente.

LXXVI
Valparaíso

La Sebastiana, casa de Pablo
Neruda en Cerro Alegre de Valparaíso.

Entre La Sebastiana y el viejo puerto
se enreda la madeja de las calles.
Fundidos en el aire los detalles,
las plazoletas huelen a sal y a huerto.

El cielo es un rumor al descubierto
que relumbra aireando bocacalles
abiertas al abismo de los valles.
En la distancia se divisa el puerto.

Como un manto de luces y tinieblas
la noche se despliega por los cerros
entre casas pintadas de colores.

Amanece el Pacífico entre nieblas
silenciando el ladrido de los perros,
un ascensor desciende entre las flores.

LXXVII
Puerto Natale

La tierra a la que vine
no tiene primavera
Gabriela Mistral

En la profundidad de la distancia
los luceros tiritan desolados.
Los barcos, en los muelles atracados,
golpeados por la húmeda inconstancia

de las olas se agitan expectantes.
En el seno de Última Esperanza
el día se ilumina en lontananza,
las cumbres como cóndores gigantes.

La Patagonia aplana el horizonte
con los vientos bramando todo el día
ni tan siquiera se divisa un monte.

Puerto Natale, la última frontera,
donde se expande gris la lejanía
y no tiene color la primavera.

LXXVIII
Punta Arenas

La niebla, inalcanzable aguamarina,
ocultaba la raya del poniente,
el crepúsculo, blanco incandescente,
era un clamor detrás de cada esquina.

En Punta Arenas, fría y cristalina,
la tarde se expandía transparente,
y la Tierra del Fuego evanescente
flotaba horizontal en la retina.

Los tejados pintados de colores
suavizaban el gris de la distancia
con el mar confundido con el viento.

El verano temblaba entre las flores
esparciendo en silencio su fragancia,
la calma acariciaba el firmamento.

LXXIX
El estrecho de Magallanes

Al llegar la primavera del año 1585, un barco pirata inglés pasó por allí, tan sólo permanecía con vida uno de los soldados españoles que nadie sabe cómo pudo resistirlo.

Con las primeras luces se elevaba
el nevado perfil de las montañas,
desbordando furor en sus entrañas
el viento entre los árboles aullaba.

Fría como el acero la distancia
flotaba sobre el mar. Amanecía,
teñido de fulgores gris el día.
El alba era una clara resonancia.

Fernando Magallanes navegaba
abriéndole las venas al planeta
envuelto en el clamor de la mañana.

Y sobre Puerto Hambre retumbaba
en medio de la muerte una trompeta.
¡Castilla tan perdida y tan lejana!

LXXX
París

Y Notre Dame
flotaba en la distancia
horizontal.

A las puertas del Louvre

A las puertas del Louvre, transparente,
la madrugada es gris melancolía.
Un violín, una suave melodía,
entre los dedos de una adolescente.

El río se oscurece bajo el puente.
Ondulantes las aguas. Armonía,
en los albores íntimos del día.
La ciudad se amortigua intranscendente.

El cielo endomingado se serena
en la dulce mañana balbuciente.
Mozart es un vaivén estremecido.

Notre Dame se mece junto al Sena.
A punto de llover. Evanescente.
El instante en el aire suspendido.

LXXXI
Lutecia

Los atentados terroristas de París
de fueron causados por una
organización yihadista.
Lutecia era el antiguo nombre de París.

Serenos minaretes junto al Sena
en el trasfondo del Jardín de Plantas.
Un muslime sentado en unas mantas
la rueda de sus rezos encadena.

Y Montmartre, a la hora del poniente,
recorta su perfil enrojecido.
La sangre es un temblor ensordecido
que flota sobre el Sena bajo el puente.

Llueve en silencio mientras anochece.
Lutecia enronquecida se desploma
cantando al desamor en una esquina.

Impasible el muslime se adormece.
En el aire aletea una paloma
clamando por la paz en la medina.

LXXXII
Notre Dame de París

Se reflejaba el sol en la fachada
con la dorada calma de la tarde,
la suave claridad era un alarde
de gloria por los aires levantada.

Un revuelo de pájaros flotaba
entre las torres de la catedral
y en la luz de la puerta principal
la ciudad de París se silenciaba.

El rosetón, inmenso y transparente,
ardía en florecido resplandor.
Endulzaba el crepúsculo la hora.

Los últimos fulgores del poniente
penetraban flotando en su interior
iluminando el rostro a la Señora.

LXXXIII
Nympheas de Claude Monet

Fueron ofrecidas por el pintor Claude Monet a Francia al día siguiente del armisticio del 11 de noviembre de 1918 como símbolo de paz.

El sentimiento es un azul en calma,
un verde en el sosiego, una mirada
que penetra en la luz transfigurada,
los violetas penetran en el alma.

Cada nenúfar es como la palma
tranquila de una mano desarmada,
una paloma blanca liberada.
Las formas se fusionan con la calma.

En el vaivén del puro movimiento
la corriente es la esencia del instante
hasta alcanzar el don del embeleso.

El color, sostenido por el viento,
palpita sosegado en lo inconstante,
en su fugacidad me tiene preso.

LXXXIV
Vincent van Gogh enterrado junto a su hermano Theo en Auvers-sur-Oise

Vincent van Gogh se funde con la vida
en la calma final del cementerio.
Intensas pinceladas de misterio
adormecen su muerte presentida.

Sobre las tumbas una enredadera
que enlaza con ternura a los hermanos,
es un verde cordón entre sus manos
que palpita al llegar la primavera.

Profundas soledades verticales
amansan la inminencia del poniente,
unción crepuscular de la fragancia.

Aquietados se ondulan los trigales
y van Gogh se eterniza dulcemente
en el clamor azul de la distancia.

LXXXV
La Venus de Milo

Serena es tu belleza en el semblante
pero tu cuerpo enciende la pasión
de quien te mira. Blanca ensoñación
para este corazón que vive errante.

Herido por un eros intrigante
elevo hasta tu gracia mi oración.
Señora del amor, sin remisión
me entrego por completo en este instante.

Azul es tu mirada contenida
en una anhelo de honda compasión
por el mortal impulso que me enreda.

Diosa blanca en los brazos malherida,
después de contemplarte con unción
prendida en tu belleza mi alma queda.

LXXXVI
La catedral de Chartres

De madrugada entré en la catedral,
el claro despertar del nuevo día
se filtraba a través del ventanal;
la noche por los muros descendía.

La vieja catedral, con su brutal
y ancestral perfección, resplandecía;
elevaba potente y germinal
la luz en desbordada epifanía.

Sentado en la penumbra de un rincón
me dejaba en silencio traspasar
por un torrente de formas extrañas.

Apenas palpitaba el corazón,
cuando comenzó el órgano a sonar
la catedral se me hundía en las entrañas.

LXXXVII
Basílica de Saint Denis

La verticalidad del ventanal
proclamaba el más puro contraluz.
El gótico, en su arranque virginal,
desvelaba que Dios era la luz.

Fundida la mirada. Plenitud
en las alturas del arco ojival.
Transparencia en los muros. La quietud
del aire en la penumbra matinal.

Peregriné a las Puertas de París
a sumergirme en su contemplación
la mañana del último verano.

Amaneció completamente gris.
Empapado de luz el corazón
abierto a los misterios del arcano.

El día muere
arriba en los tejados
anaranjado

LXXXVIII
Madrid uno

Anochece Madrid a dentelladas
impregnada del rojo del poniente.
Desplomada la tarde lentamente,
las farolas alumbran enfiladas.

La lluvia es un sonido acompasado
en las altas cornisas de hojalata.
El tráfico en las calles se desata
hecho pedazos contra el empedrado;

su fragor, incrustado en las fachadas,
redobla su furor en las esquinas.
El ocaso arrebata las miradas.

La contaminación se desparrama
en el aire, oscurece las retinas.
Trasparente relumbra el Guadarrama.

LXXXIX
Madrid dos

Madrid me parte el corazón fundido
con el rojo agrisado del poniente.
El aire del crepúsculo en la frente
con la desolación del sinsentido.

La claridad ingrávida relumbra
hecha jirones contra el empedrado.
Un golpe de humedad amortiguado
se desliza inclemente en la penumbra.

El invierno a las nubes se encarama
agotado el clamor de las alturas
destiñendo el perfil del Guadarrama.

El tráfico, incrustado en las fachadas,
palpita en el neón tras los cristales.
El ocaso enrojece las miradas.

XC
Madrid desde la Casa de Campo

La ciudad se divisa bajo el cielo
sobre el verde temblor de la arboleda.
El añil del crepúsculo se enreda
entre un clamor de pájaros en vuelo.

El estruendo del tráfico en sordina
flota en el agua gris del Manzanares.
Frente a los verdinegros encinares
reposa sosegada la retina.

Madrid en el trasfondo desparrama
su perfil recortado en el espacio.
Los aires palidecen inseguros.

Llameantes y frente al Guadarrama,
los altos ventanales de Palacio,
enrojecido el blanco de sus muros.

Mi yo eres tú
la tierra el mar el aire...
¡Somos nosotros!

XCI
Bilbao

A Bilbao le cruza una serpiente
las entrañas. Los montes encendidos.
El silencio acaricia los latidos
del corazón de roble de la gente.

La ciudad alborea inconsistente,
lluviosa y nebulosa. Suspendidos
los aires apaciguan los sentidos.
Bilbao se desliza bajo el puente.

La Carcasa metálica relumbra
sobre el espejo curvo de la ría
con el clamor del alba en las esquinas.

El verde de los montes en penumbra
circunda la ondulada lejanía,
amansada la lluvia entre neblinas.

XCII
Vitoria

Cae la tarde y la lluvia golpea
el empedrado con monotonía,
arriba en los tejados muere el día.
En los charcos del suelo se cimbrea

la vieja torre de la iglesia. Fea
y lluviosa la calle se vacía.
En el aire la luz es lejanía
endulzando el silencio. Se espejea

la lluvia en los cristales, honda calma.
Serena claridad volcada dentro
envuelta sobre sí toda la casa.

Con el cuerpo cansado, en paz el alma,
tocado sin saberlo en pleno centro
mientras cae la lluvia y el tiempo pasa.

XCIII
Barcelona

El mar es una curva abierta y plana
que se funde distante con el cielo
impregnando de sal el blanco velo
que tamiza la luz de la mañana.

Por las ramblas arriba, refulgente,
el domingo impregnado de colores;
el tráfico, agitado entre las flores,
relumbra en las miradas de la gente.

La ciudad, encendida en las alturas,
se asoma a las ventanas modernistas
que enmarcan los reflejos de la aurora.

La calle es un festín de arquitecturas.
Barcelona se ensancha sin aristas
tejiendo su futuro vencedora.

XCIV
Valencia

La lejanía es un rumor de playas
que envuelve a la ciudad, amoratada,
envuelta con su luz de madrugada.
Las calles silenciosas, como rayas

que se alargan erráticas y planas.
Valencia es un jardín al mar abierto.
Resplandece el azul, el aire incierto,
la claridad rebota en las ventanas.

Hay un aire cargado de fragancia
junto a la catedral, todo está en calma,
la noche en un rincón se desvanece.

Despierta la mañana en la distancia,
se balancea en la ondulada palma
del mar Mediterráneo. Amanece.

XCV
Mahón

Como lengua de mar el viejo puerto
remansado en la calma iluminada.
La tarde rumorosa, amortiguada,
desplegada en la luz del cielo abierto.

En el temblor del agua se refleja
la ciudad de Mahón evanescente.
Sube por las paredes el poniente,
su agotado esplendor se desmadeja.

El verano relumbra en los veleros
que vuelven con las velas replegadas,
la brisa adormecida en las colinas.

Y la noche, sembrada de luceros,
flota sobre las aguas plateadas
mientras se agita el viento en las esquinas.

XCVI
Torrevieja

La playa es una línea plateada
a espaldas del bullicio de la gente.
El alba, ensordecida y displicente,
mientras la noche muere aniquilada.

Desteñida de azul la madrugada
anuncia los ardores del estío,
relumbra desmedida en su extravío,
horizontal se expande deshilada.

El día iluminado en la ventana
se despliega en las calles inseguro.
Al fondo las salinas sonrosadas.

Torrevieja, ciudad de la mañana,
amanece arañando su futuro,
las palmeras se mecen desoladas.

XCVII
Oviedo

La ciudad se despliega dulcemente
sobre el lomo ondulado de los prados.
La neblina, asentada en los tejados,
destiñe los colores del poniente.

La noche adormecida y silenciosa.
Entre sus viejas calles lloviznea
y en los charcos la luna se cimbrea,
relumbra su perfil en cada losa.

Enrojecida y gris la madrugada
con San Miguel de Lillo en solitario
por entre el húmedo verdor del monte.

La catedral se yergue mutilada
recortado el punzón del campanario
contra la claridad del horizonte.

XCVIII
León

La Catedral de León "*es la propia* piedra filosofal" afirma el profesor César García Álvarez

La catedral se alzaba luminosa
en su interior. León amanecía.
La gracia con su luz resplandecía
en la blanca fachada jubilosa.

La aurora despuntaba misteriosa
en su raíz, el aire enrojecía.
Entre las torres alumbraba el día
la pulcra arquitectura de la rosa.

La ciudad, asentada en el camino,
fundía en el crisol de sus esencias
las ocultas alquimias del arcano.

Al clarear los cielos, el peregrino,
henchido el corazón de transparencias,
se alejaba en silencio por el llano.

XCIX
Compludo

En la hondura solemne del paisaje
Compludo silencioso permanece.
La mañana sumida en el encaje
que desteje la niebla resplandece.

Oculta tras el verde del follaje
la ancestral herrería se adormece;
se presiente un misterio en su engranaje.
Arriba entre las cumbres amanece.

Abriendo sorprendidos horizontes
el clamor esencial de la mañana
se anuncia luminoso entre los montes.

Y San Fructuoso desde su hornacina
acrecienta la calma de los valles
que en el aire se expande cristalina.

C
Peñalba de Santiago

Hay un río escondido entre los montes
que subraya la calma de los valles,
y una luz cenital entre las calles
que alumbra verticales horizontes.

El sendero bordea las montañas
hasta horadar el alma de la roca.
La eternidad pausadamente evoca
un hondo resplandor en sus entrañas.

El Valle del Silencio se desvela
en la quietud serena del espacio,
la visión esencial lo sobrevuela.

El perfil sosegado de los montes
deshila los colores de la tarde
desplegando sutiles horizontes.

CI
Burgos

La ciudad en la calma del pasado
despierta con el sol de la mañana,
la catedral, inmensa filigrana,
eleva su perfil amoratado.

Mío Cid, al galope desplegado,
por la árida meseta castellana.
En la distancia, tañe una campana...
es un eco en mitad del despoblado.

El Arlanzón, cristal de fría nieve,
espejea el temblor de la alameda...
En lontananza, Burgos se conmueve.

En la callada soledad del viento,
las afiladas torres se desnudan
contra el clamor azul del firmamento.

CII
La catedral de Burgos

La tarde se adormece silenciosa,
la ciudad es un hondo escalofrío,
tirita entre los árboles el río.
La blanca catedral es una rosa,

su mole se levanta poderosa
penetrando en la noche. Un viento frío
planea pavoroso en el vacío,
amasado inquietante en cada losa.

La catedral fundida con lo eterno
se adentra en los espacios interiores,
se aquieta en los cristales del invierno.

En cada esquina, un hondo desamparo
en la helada quietud de la mañana.
El silencio es un eco limpio y claro.

CIII
Soria

¡Ay, lo que la muerte ha roto era
un hilo entre los dos!
Antonio Machado

Las sombras se deslizan por los muros
con la luna amansando el empedrado,
su balcón, permanece iluminado.
Un farol parpadea en los oscuros

rincones de la plaza. Se estremecen
los árboles rozando los tejados.
Los luceros tiritan desolados
y en silencio las calles anochecen.

Don Antonio se asoma a la ventana
partido el corazón en su mirada;
la muerte se ha parado ante su puerta.

A golpes de tristeza la mañana
alumbra tras los montes. Desmayada,
la ciudad junto al Duero se despierta.

CIV
Salamanca

Cuando contemplo el cielo
de innumerables luces adornado...,

Fray Luis de León

Salamanca en el aire de la tarde,
arrebol de armonía en las alturas,
dorada ensoñación de arquitecturas
en esplendor crepuscular alarde.

Las torres se desdoblan vacilantes
en solemne perfil enrojecido,
el Tormes, en silencio estremecido,
adormece sus aguas ondulantes.

En la Plaza Mayor, vibrante espacio,
se recoge el espíritu del día
endulzada la luz en los portales.

El alma, serenándose despacio,
rendida por completo a la armonía
de la noche en abiertos ventanales.

CV
Toledo

Secaba entonces el terreno aliento
el sol subido en mitad del cielo,
Garcilaso de la Vega

Toledo es un rumor en el trasfondo
de voces ondulando los tejados.
En el cielo de la tarde, acompasados,
los pájaros planean en redondo.

El Tajo fluye encajado en lo más hondo
por entre terraplenes escarpados;
en el aire, los cielos despejados
sobre un inmenso páramo sin fondo.

Contra un sonoro crepúsculo de gloria
se elevan las agujas de sus torres
oteando el ensueño de la historia.

La ciudad encadena los balcones
en sus estrechas calles de costado,
acunando la luz en sus rincones.

CVI
Granada

Granada era una corza
rosa por las veletas
Federico García Lorca

Y Granada se sube por los montes…
cabalga al trote en brazos de su amante
flameando en los aires el turbante.
Al fondo, cristalinos horizontes.

Los patios de la Alhambra silenciosos.
La luna brilla como un blanco broche
en los negros cabellos de la noche,
se mira en los estanques rumorosos.

La torre de la Vela anuncia el alba,
por el Generalife alumbra el día.
Se mecen los rizados limoneros.

En la distancia se expansiona el malva.
Sierra Nevada, transparente y fría,
se deshila en la luz de los senderos.

CVII
Sevilla

En Sevilla, encendidos resplandores,
virginal despertar a la esperanza,
la claridad azul en lontananza
airea jubilosa en sus albores.

Clarines de sonoros resplandores,
tarde de toros en la Maestranza.
El ocaso, en la punta de una lanza,
desteñido de sangre entre las flores.

Una "soleá" arranca incandescente,
se enrosca enronquecida en la garganta,
palpita en la blancura de un encaje.

Y Sevilla relumbra en la corriente,
en su cielo nocturno se agiganta
adormecido el río en el paisaje.

CVIII
Cádiz

En la ciudad de Cádiz amanece,
la mar es un clamor en la retina,
una invasión de luz en cada esquina
que el vaivén de las olas adormece.

La clara lejanía resplandece,
inmensa, horizontal y cristalina,
la bahía ondulada aguamarina
disipada la noche se estremece.

El día trae un aire de aperturas.
Las playas rumorosas. Por los cielos
relumbran azulados resplandores.

Las gaviotas invaden las alturas
resonando sonoros sus revuelos.
La ciudad deslumbrada en sus albores.

CIX
Badajoz

España es tierra y cielo nada más. Estoy en los pastos de las llanuras extremeñas. Detrás de mí se alza Badajoz.

Waldo Frank

La ciudad se expandía junto al río
desplegado el perfil del horizonte,
apenas se podía ver un monte,
el alba era un profundo escalofrío.

El campo en la distancia amanecía
en el ancho clamor de la mañana,
aquietadas las aguas del Guadiana
en los inicios íntimos del día.

La Alcazaba enfajaba la montaña
enfrentada a los aires peregrinos,
la ciudad despertaba su memoria.

Bajo los cielos más altos de España,
Badajoz era un cruce de caminos
despejado el olvido de la historia.

CX
Cáceres

Y Cáceres, blasón de Extremadura,
desvela silenciosa su pasado
en granítica piedra cincelado...
Alborea entre calles de herradura.

El paisaje, a la vuelta de la esquina,
se despliega sinuoso por las lomas,
el aire, suspendido en sus aromas,
transparente penetra en la retina.

En lo alto se recorta una veleta,
detrás de un muro asoma un limonero
embriagando la luz con su fragancia.

La ciudad amanece recoleta
en el ovillo de su callejero,
la primavera invade la distancia.

CXI
Monasterio de Guadalupe

Guadalupe se asienta entre los montes
recogido en la paz de su misterio.
Se levanta el perfil del monasterio
desvelando azulados horizontes.

Sonríe impenetrable y complacida
la Madre con un Dios en su regazo.
El silencio se funde en un abrazo
con el alba. La luz estremecida.

Sentada en su hornacina la Señora
aunque negra de cara resplandece.
Se deshila el rosario de la aurora.

El enigma que expande su figura
deslumbra el corazón de los creyentes.
Amanece en el aire Extremadura.

CXII
Segovia

Sobre las altas torres puntiagudas
se amorataba el cielo, anochece,
el temblor de la noche palidece
en el silencio de las calles, mudas.

La ciudad es un barco que navega
sobre la piel reseca de Castilla:
un mar de tierra ondulada y amarilla.
La meseta en las lomas se despliega.

Relumbra el Acueducto frente al alba,
la mañana, ilumina los tejados,
y a los muros de piedra se encarama.

El Alcázar, teñido por el malva,
respira vertical por los costados.
Al fondo se divisa el Guadarrama.

En el crepúsculo
el tren cruza los campos
hora del malva.

CXIII
Camino de Santiago

El corazón palpita cristalino.
El llano atardecido se serena
horizontal hasta alcanzar la plena
fusión con la raíz de su destino.

El silencio en el aire. El peregrino,
en su hondo divagar desencadena
la pasión por llegar. Hay luna llena.
Rumores de la noche en el camino.

El sendero engarzado de esmeraldas
avanza por los cielos. La llamada
atraviesa su pecho esclarecido.

El cansancio cargado a las espaldas
se endulza en la paz de la posada
mientras crepita el fuego bendecido.

CXIV
Campos de Guadalajara

La arboleda movida por el viento.
Entre piedras y arbustos escondido
el arroyo murmura amanecido
agigantado el azul del firmamento.

En el dulce sosiego del momento
nace abierta la luz en el sentido.
El campo totalmente renacido
sostenida la flor en el aliento.

Despierta a su color la primavera,
al clamor luminoso de la vida.
El horizonte en todo su esplendor.

Ondulado verdor en la pradera,
donde se endulza el alma bendecida
en el más florecido resplandor.

CXV
La Mancha

La Mancha es una calma que se ondula.
Al clarear el alba se despierta
horizontal y amoratada. Abierta,
sin sombras, la distancia se modula

en la profundidad de la llanura.
El claro de la luna en los corrales
traspasa la frialdad de los cristales,
relumbra en los caminos de herradura.

Don Quijote es un triste garabato.
Los ojos en alerta. La maraña
ensombrece su frente incandescente.

El rumor monocorde de un regato
susurra en el paisaje, le acompaña,
rebota en los repliegues de su mente.

Cae la tarde
tu corazón descansa
mirando al mar.

CXVI
Mediterráneo uno

El paisaje aquietado en la mirada,
y el silencio del mar en las entrañas.
El lejano perfil de las montañas
envueltas en la calma inaugurada.

Descansa el corazón en la distancia
que se adentra en el plano horizontal
de la mañana, airosa y virginal,
en la más clamorosa resonancia.

Palpita el horizonte acompasado
con el aire en las olas. Plenitud.
Elemental hondura penetrante.

El paisaje se expande liberado,
rebosa en mi interior sin acritud.
Serena claridad. Gozoso instante.

CXVII
Mediterráneo dos

El círculo del sol en la distancia
del mar abierto. El cielo transparente,
encendido el morado del poniente.
En la mirada, envuelta en su fragancia,

la bahía se expande rumorosa
en la inconstancia del atardecer.
Los barcos en el puerto sin poder
aquietarse en su calma temblorosa.

Coronada de luz la inmensidad,
el paisaje, entre el monte y el ancho mar,
relumbra con sonora claridad.

En las playas el dulce divagar
de las olas, sinuosa levedad.
¡Abierta plenitud crepuscular!

CXVIII
Ávila

Frente a la aurora
las murallas de Ávila
en la distancia.

Ávila en la quietud de la meseta,
murallas de silencio y de granito,
la llanura impregnada de infinito
respira en el temblor de una veleta.

La tarde suspendida y recoleta.
El amado en amores exquisito,
cuando el instante roza lo inaudito,
al pecho le traspasa una saeta.

La ciudad se adormece junto al río,
los álamos al viento se desnudan,
la distancia es un puro escalofrío.

Ávila se despliega soterrada,
alcanzada en la hondura del silencio
la unidad esencial inalcanzada.

CXIX
El valle de Amblés

Se expandía sereno bajo el cielo
el horizonte, apenas se ondulaba,
el carruaje a su paso levantaba
una estela de polvo a ras del suelo.

Flotaba en el crepúsculo un revuelo
de pájaros, la luz se apaciguaba.
Sobre el valle de Amblés se descolgaba
la tarde, deslumbrante, en puro hielo.

Teresa de Jesús, en su regazo,
dejaba reposar un libro abierto.
Rechinaban monótonas las ruedas.

La quietud se fundía en un abrazo
con el silencio, el alma al descubierto.
Con el alba, entrarían en Becedas.

CXX
La Aliseda de Tormes

El camino discurre junto al río,
se deja acompañar por los rumores
que la tarde remansa, los colores
del paisaje en las calmas del estío.

Contemplando en silencio su montaña,
La Aliseda de Tormes se adormece,
entre verdes alisos resplandece;
el clamor del verano le acompaña.

El camino acaba al pie del puente,
se alarga cuesta arriba hasta la plaza,
el corazón se expande luminoso.

La vieja iglesia se divisa al frente,
la tarde en la distancia se adelgaza
mientras se aleja el río rumoroso.

CXXI
La batalla junto al Aravalle

Por los riscos arriba iban los moros
tras la batalla junto al Aravalle,
derrotados, bramando como toros,
la niebla se emplomaba sobre el valle.

Tras cruzar media España con premura,
Abderramán III descendía
por el Jerte camino de Extremadura,
ansioso por llegar a Andalucía.

Atrás quedaba Gredos suspendida,
sumida en sus airosas soledades,
las cumbres grises, gélidas, agrestes…

Más tarde, la morisma enardecida
desolaba los campos y ciudades
con Almanzor al frente de sus huestes.

CXXII
Almanzor

Los prados despertaban a la vida,
el viento murmuraba entre los pinos
que envolvían al Tormes. Los caminos
enfilaban la sierra amanecida.

La inmensa soledad esclarecida
flotaba en la distancia. Repentinos,
los riscos se elevaban cristalinos
en el clamor del alba renacida.

La sierra despertaba en primavera
entre arroyos y piornos amarillos.
Almanzor cabalgaba silencioso…

media luna de sangre en su bandera.
¡En la guerra, el más cruel de los caudillos;
en las cumbres, el monte más airoso!

CXXIII
Los Toros de Guisando

Los Toros de Guisando bajo el cielo
inmenso y despejado de Castilla,
un labrador esparce la semilla
por los surcos abiertos en el suelo.

El Guadarrama se recorta manso
desplegada la luz de la mañana.
Tiembla la lejanía, el sol la aplana,
la quietud es un íntimo remanso.

Frente a los Toros se levanta un monte,
en su falda, un agreste monasterio
que otea silencioso el horizonte.

Los nobles de León y de Castilla,
a la sombra del cerro de Guisando,
ante la Infanta doblan la rodilla.

CXXIV
Yuste

Ya no franquearé otro puerto
que el de la muerte
Carlos V,
El 12 de noviembre de 1556 .

Allá va el césar Carlos con la muerte
royéndole en silencio las entrañas,
en otoño, cruzando estas montañas;
en el valle relumbra el río Jerte.

El sendero se pierde entre los montes,
atraviesa las aguas cristalinas
de las gargantas. Entre las encinas,
se adivinan abiertos horizontes.

Se alza somnoliento el monasterio
en medio del clamor de la mañana
cubierto por un manto de blancura.

Yuste se desvanece en el misterio
de su imperial grandeza, tan lejana…
Al fondo se despierta Extremadura.

CXXV
Becedas

Y recordé las calles por las que
corre al sol y al aire el agua del arroyo
                              Miguel de Unamuno

La torre de la iglesia en lo más alto
domina el horizonte. La distancia
flota en la lejanía. La fragancia
de los campos la toman por asalto.

Entre nogales, robles y castaños,
la carretera baja desde el puerto.
Detrás de cada casa un verde huerto.
La fuente se decanta por sus caños.

El calor se expansiona sobre el llano,
se adormece incandescente en cada esquina.
Cuando cae la tarde se acrecienta

en el aire las calmas del verano.
¡El corazón se ahonda en la retina
y a la luz del crepúsculo se asienta!

CXXVI
Fontiveros

La Moraña es un cruce de caminos,
horizontal se funde con el cielo
cuando el amanecer levanta el vuelo,
los montes a lo lejos cristalinos.

El alba renovado en la ventana
se aquieta silencioso en los corrales,
la claridad despunta en los cristales
abriéndole la puerta a la mañana.

El corazón en calma, el nuevo día
corona jubiloso los tejados;
por las lomas blanquean los senderos.

Invadiendo la clara lejanía
se expanden ondulados los sembrados.
¡Al alba se ilumina Fontiveros!

CXXVII
Duruelo

Sumido en el silencio meditaba,
la voz de Dios susurraba en el viento.
Alumbraban los cielos en un lento
y tibio amanecer. Alboreaba.

El misterio del aire en el profundo
declinar de la noche. La mañana
resplandecía blanca en la ventana.
Duruelo era un lugar fuera del mundo,

un caserón en ruinas... un desierto.
Los negros encinares a lo lejos
en el curvo perfil de La Moraña.

La madrugada era un portón abierto
vencido el corazón en los espejos.
Al alba, la quietud de la montaña.

CXXVIII
Bohoyo

El pueblo se divisa al otro lado
del Tormes entre el verde del paisaje.
Las altas cumbres forman un encaje
frente al inmenso cielo recortado.

El río entre las piedras se remansa
tras pasar bajo el puente. Incandescente,
la tarde se sumerge en el poniente.
En la mirada el corazón descansa.

Cae la noche sobre los tejados.
La fuente rumorea silenciosa
en sosegada y permanente alerta.

El cabrero camina entre los prados
mientras la sierra, envuelta por el rosa
que despliega la aurora, se despierta.

CXXIX
La garganta de Bohoyo

El día se desliza por los prados,
tiembla en las hojas verdes de los robles.
Los riscos de la sierra altos y nobles
contra el sereno cielo recortados.

El agua cristalina de la nieve
relumbra entre las piedras. La garganta
suavemente amansada se decanta.
La distancia aplanada y sin relieve.

Un águila planea en las alturas,
la tarde enmudecida se recoge,
el verano despliega sus dulzuras.

Don Antonio Machado hubiera alzado,
primero la mirada, silenciosa;
después el corazón, ensimismado.

CXXX
La garganta de Los Caballeros

En la garganta de Los Caballeros
el verano se amansa en la corriente.
La tarde desplegada y trasparente
relumbra silenciosa en los senderos.

El tiempo se detiene. La mirada,
en el cristal del agua se refleja.
Sobre los altos árboles se aleja
la claridad del día apaciguada.

La carretera, solitaria, asciende
entre pinares la empinada cuesta.
Se elevan encendidas las montañas.

El color del crepúsculo desciende
sobre el rumor del agua, se recuesta
sosegado, acallado en mis entrañas.

CXXXI
Tormellas

A su paso, en verano por Tormellas,
la garganta en silencio se remansa.
Cae la tarde. El corazón descansa.
En los hilos del aire las estrellas

despuntan cristalinas a lo lejos.
El Tormal se recorta amoratado
con la luz del ocaso en el costado.
La noche reflejada en los espejos

del agua. La quietud en los caminos.
Las sombras en la hierba, con la luna
radiante entre los robles y los pinos;

luminosa se expande por los prados,
relumbra como plata en las montañas,
se sube adormecida a los tejados.

CXXXII
El puente de Tormellas

Cuando el otoño tiembla entre las ramas
desnudas de los árboles, el puente
refleja su perfil en la corriente.
Bajo el agua relumbran las escamas

de plata de las truchas. Amanece
la arboleda movida por el viento.
Impregnado de añil el firmamento
en la calma del aire resplandece.

El gran arco del puente se levanta
abierto al horizonte. La mirada
penetra suspendida en el paisaje.

Susurra rumorosa la garganta,
despunta con su luz la madrugada
sobre el tenue vaivén del oleaje.

CXXXIII
Piedrahíta

Piedrahíta enmudece amortiguada
en el vaivén sereno de la historia,
se amansa silenciosa en la memoria,
recogida, otoñal y amoratada.

En la plaza, espaciosa y recuadrada,
rumorea la fuente. Aires de gloria
en sonora quietud propiciatoria.
La tarde resplandece ensimismada...

Enrojecen las piedras en las calles
bañadas por la luz en las esquinas;
el día se adormece en los tejados.

La noche se desploma por los valles
borrando los caminos. Cristalinas,
palpitan las estrellas en los prados.

CXXXIV
La Horcajada

San Miguel en lo más alto del monte.
El verano impregnaba de fragancia
la llanura. La aurora en la distancia
desplegaba el fulgor del horizonte.

El día despertaba transparente
inundando de luz la lejanía.
Las calles solitarias. Renacía
la calma en los rumores de la fuente.

La mañana flotaba en las esquinas,
se expandía sonora y despejada,
el azul en los cielos cristalinos.

El calor caldeaba las encinas
a la hora de la siesta. Silenciada,
la tarde amorataba los caminos.

CXXXV
El Mirón

En lo alto de El Mirón, la lejanía
flotaba en el vacío. Las murallas
de granito aireaban cien batallas.
Abierto a su esplendor el mediodía.

Y la sierra de Gredos recortaba
el gris de su perfil en la distancia.
La ducal Piedrahíta, en la inconstancia
de la historia sus glorias olvidaba.

El paisaje a los cielos enfrentado.
Horizontal desolación. Las ruinas,
entre hierbas agitadas por el viento,

rumiaban silenciosas su pasado.
En el campo temblaban las encinas
y el verano era un dulce sentimiento.

CXXXVI
El Barco de Ávila

El río es un espejo bajo el puente
amansando la mole del castillo.
El cielo desteñido de amarillo
se desliza otoñal por la corriente.

La iglesia contra el rojo del poniente
se recorta maciza entre el ovillo
silente de las calles. El martillo
de las horas golpea inconsistente.

La plaza recogida y recuadrada,
a la luz del crepúsculo se aferra...
los rumores del aire la adormecen.

Abierta por completo la mirada
frente al clamor lejano de la sierra,
las elevadas cumbres resplandecen.

CXXXVII
El Cristo del Caño

Cuando el Cristo del Caño sube al puente
a sus espaldas tañe una campana.
Como un cristal horizontal se allana
entre los negros chopos la corriente.

El Cristo viene con la cruz al frente,
triste adefesio, dulce en la desgana,
en su famélico perfil se aplana;
penetra el sufrimiento de la gente.

Su sangre generosa se derrama
por la tierra sedienta de las huertas,
reverdece en el barro de los prados.

¡La claridad del alba la reclama!
Redoblan las campanas en abiertas
resonancias del viento en los sembrados.

CXXXVIII
La sierra de Gredos

Se le veía, algunas madrugadas,
caminar en silencio junto al río,
los prados empapados de rocío,
las nieves contra el cielo recortadas.

Don Miguel de Unamuno caminaba
con la mirada puesta en las montañas,
se le enredaba España en sus entrañas;
en las cumbres el día despertaba.

La primavera era un clamor abierto,
una invasión de flores amarillas,
el deshielo colmaba el desconcierto.

Don Miguel descansaba unos instantes,
respiraba. A sus pies las dos Castillas,
inmersas en la niebla, palpitantes.

Las Rosas Blancas
(Siete sonetos a la pandemia de 2020)

*Con las desgracias
las rosas del jardín
florecen blancas.*

CXXXIX
1.- Las calles

Caminas por las calles rodeado
por el mundo, soñando primaveras.
Las ventanas cerradas, las aceras
en penumbra, a la vuelta el descampado.

La luz melancolía en las fachadas
amansa la ciudad con su tristeza,
relumbra amoratada en la crudeza
de las pobres acacias enlutadas.

Caminas por las calles silenciosas,
sumida la mirada en el oscuro
sinsentido del blanco de las rosas.

El silencio en el aire suspendido
alumbrando sutiles mariposas.
El barrio se despierta enmudecido.

CXL
2.- Espinas

Si las rosas son blancas y los días
encadenan las noches sin descanso...
es tiempo de silencio; hondo remanso
para desentrañar melancolías.

La tristeza es un dardo de hojalata
que nos enfría el alma, que nos hunde,
nos deja sin aliento, nos confunde,
nos anula y al final nos desbarata.

Árboles en otoño enmudecidos.
Las ventanas cerradas. En las calles,
las farolas rompiendo las esquinas.

En el pecho rebotan los latidos
del corazón, palpitan sin detalles
como rosas del agua sin espinas.

CXLI
3.- El muro

He levantado un muro de granito
en la garganta, un muro de silencio.
Enfrentado al crepúsculo, potencio
la voluntad del pecho alzando el grito

contra el frágil cristal de las estrellas.
El frío de la aurora en la mirada
penetra en mis entrañas, despejada
la noche sin apenas dejar huellas.

Me sostiene el vacío, me ilumina,
abierto el ancho portalón del viento,
el sinsentido al muro lo rebasa.

Arde sin arder dentro de una encina,
la raíz primordial del firmamento,
el dios del aire y el fuego me traspasa.

CXLII
4.- Narciso

Me miro en el espejo... y no te veo.
¿Quién es el que me mira? Apenas nada,
apenas nadie, el aire, una mirada
que flota en la inconstancia del deseo.

El cristal del espejo, tan sincero,
tan inmediato, me seduce y me ata,
me desvela y adormece y me desata;
en él me pierdo y olvido por entero.

Narciso no ama los espejos, ama
la quietud de las aguas engañosas
que intrigantes reflejan su figura.

Agotado en sí mismo se derrama,
perdido entre las sombras y las cosas.
En su mortal angustia, ¡qué locura!

CXLIII
5.- Tristeza

Nunca la primavera fue tan triste,
todas las rosas eran blancas, blancas,
como son las desgracias que te arrancas
del alma; primavera que persiste.

Herida por la pena, la quietud
en la mirada, y el pecho sin aliento.
La tristeza apacigua el sentimiento
flotando entre las sombras y la luz.

A través del cristal de la ventana
el ocaso enrojece los tejados
y el silencio penetra en tu interior.

La ciudad resplandece en la lejana
ondulación de crudos descampados
donde las rosas pierden su color.

CXLIV
6.- La nieve

La rosa blanca de la nieve amansa
con sus helados pétalos el llano.
El eco del silencio es un lejano
resplandor en el aire. Se remansa

tu corazón detrás de los cristales.
Te invade la tristeza, tu mirada
penetra en la distancia silenciada.
Pena y desolación entre metales.

Destellos del ocaso en el paisaje
bajo el manto ondulado de la nieve
agotada la tarde en la ladera.

Las lomas como un mar sin oleaje
esperan aquietadas que renueve
la esperanza la nueva primavera.

CXLV
7.- La llamada

Levanto el corazón a las montañas
que se elevan serenas a lo lejos,
la tristeza penetra en los espejos
y el silencio palpita en mis entrañas.

Vivo como el que vive en el exilio
menguada día a día la esperanza,
agotada su luz en lontananza.
¿De dónde me vendrá pues el auxilio?

Cansado de esperar frente a la nada,
atrapado, asomado a la ventana,
y la pena fundida en la mirada.

Comienza a clarear de madrugada...
En el viento, el tañer de una campana
amansa el descampado... la llamada.

Rosas del aire
que acarician la curva
de tu semblante.

CXLVI

La primicia de tu cuerpo

El resplandor oscuro de la noche
en tus cabellos, blanca palidez
en el volumen de tu desnudez
bañado por la luna, aire. derroche...

desplegado candor anacarado.
En el campo, un arrullo de palomas
sobre el lomo ondulado de las lomas
mientras relumbra gris el descampado.

Tu vientre es el crisol de la dulzura,
tu pelvis, el jardín de las delicias,
donde el misterio del amor se esconde.

El ardor de tu piel, en su locura,
proclama sin pudor que las primicias
de tu cuerpo a mi alma corresponde.

CXLVII
Blanca como el marfil

Como un lirio bañado por la luz
que penetra a través de la ventana.
La dulce claridad de la mañana
dándose en manifiesta lasitud.

En los campos, sonora prontitud,
gozosa ensoñación de la desgana.
Blanca como el marfil, pura, lejana...
El aire es un rumor en la quietud.

El alba en el cristal de los espejos
con la alcoba en penumbra desvelada,
la pasión contenida en sus reflejos.

Claros albores de la madrugada
que presiente arboledas a lo lejos
en la ventana apenas entornada.

CXLVIII
Enredado en tus cabellos

Me despierto enredado en tus cabellos
sobre la blanca sábana del alba.
En la ventana, el resplandor del malva,
desvelándose el día en sus destellos.

La claridad en los espejos. Luz.
Instante. Soledad. Eternidad.
Oculto manantial de intimidad
alcanzada la plena plenitud.

La lluvia rumorea luminosa
en la dulce quietud de la alborada.
Mis manos, con las palmas encendidas,

acarician la curva de la rosa
de tu cadera. La pasión colmada
en estas madrugadas bendecidas.

CXLIX
Locura del instante

Transparente el aliento de tu boca
en el cristal velado de la tarde.
La caricia del aire en tu rostro. Arde
la lava del volcán contra la roca.

Caballo trotador que se desboca
a través de tu piel, en un alarde
de exaltada fusión frente al cobarde
impulso de la sangre que me aboca

a salvar la locura del instante.
Exacta conjunción sin las distancias
concretas de los cuerpos y las almas.

Pasión ardiente. Corazón gigante.
Oloroso fulgor de las fragancias
vertidas en los vientos y en las calmas.

CL
Cruda primavera

El silencio es un eco penetrante:
el vínculo del cielo con la tierra.
Los aires encendidos. Ardua guerra
en el curvo rubor de tu semblante.

Me deslumbra el incendio sofocante
de ese volcán que tu mirada encierra.
Ardorosa pasión que me destierra
y me hunde en tus abismos al instante.

Tu rostro manifiesta el embeleso
de un revuelo de alas en el viento.
Los matices del rosa en tu cadera

alumbran la pasión, me tienen preso,
florecido el fulgor del sentimiento
en medio de esta cruda primavera.

CLI
Plenitud consagrante

Apuñalado el pecho hasta morir
en la desolación del descampado
con la frialdad del norte en el costado.
En el fondo del alma un revivir,

añorando el clamor de la mañana.
Morir frente al abismo, al dar las doce,
sumergido en la noche, abierto al goce
incierto del sabor de la desgana.

Partido el corazón en el sendero
que conduce a la muerte tan segura:
señora de la calma, cruel señora.

La luna, reflejada en el acero
que penetra en el fondo de la oscura
plenitud consagrante de la aurora.

CLII
La cometa

Para tu corazón soy la cometa
en el recuadro azul de la ventana.
Para tu despertar soy la mañana.
Para tu corazón, estoy sin meta...

Cometa desvelada al aire escueta.
Me pierdo en tu mirada, filigrana
de temblores, errática y lejana.
Para tu corazón, estoy sin meta...

En el amanecer se balancea.
El soplo de la brisa la transforma,
vibra en lo alto al traspasar la negra

opacidad nocturna que la airea,
trasvase luminoso de la forma.
Cometa en libertad que al cielo alegra.

CLIII
Tu ausencia me embargaba

Se enreda entre los árboles el viento
calmando los ardores del verano.
En la ondulada inmensidad del llano
la lejanía amansa el sentimiento.

Filtrándose a través de la arboleda,
la quietud acuchilla la distancia.
La calma insustancial, pura sustancia,
relumbra solitaria en la vereda.

Llegaste a mí desde lo más hondo;
en silencio; la tarde iluminada;
abriendo soledades en redondo.

Llegaste tú, la piel desnuda y clara,
la luz del corazón en la mirada.
Tu presencia, jamás me fue tan cara.

Olor a hierba
en tus manos abiertas
guardo mi pena.

CLIV
Quince años

Quince años de ternura acumulada
compartiendo las sombras y la luz
de cada madrugada, con la cruz
en medio de las rosas ensartada.

Quince años de ternura consagrada
a desplegar las alas. Plenitud
alcanzada en gozosa prontitud,
a pesar de la pena desatada.

Tu corazón y el mío son el centro
de este nuestro vivir, y revestido
del dulce resplandor de tu mirada,

en la raíz de tu sentir me adentro,
naufragado en el mar del sinsentido
por alcanzar el alba liberada.

CLV
Veinte años

Veinte años en el cáliz de la esencia
gustando del sabor de tu dulzura.
Veinte años compartiendo la aventura
de cargar con la cruz de la existencia.

Nos hemos revestido de paciencia
heridos por la sal de la amargura.
Nos hemos empapado de ternura
en el puro candor de la inocencia.

Vivir es avanzar sin añoranza,
atravesar crepúsculos morados,
sumergirse en la noche nacarada.

Vivir es otear en lontananza,
despertar al amor, alborozados
por alcanzar la luz inalcanzada.

CLVI
Aire de mar

Con la gracia del dios en tu mirada,
la luz del corazón. Con la alegría
del claro despuntar de un nuevo día.
Con el alba en el aire desplegada.

Libre para vivir la madrugada.
Nacer para morir. Melancolía
colmado el potencial del mediodía.
Libre por la palabra liberada.

Tomada por asalto la esperanza,
el don del existir y respirar,
y crecer y buscar y madurar

más alto, más allá, sin añoranza.
Abrir todas las puertas y encontrar
en tus ojos de niña aire de mar.

CLVII
Hermana de la tierra

Señora de la luz y del destino,
amante de la noche y del deseo,
en el cristal de tus ojos me veo,
desarmado, inocente, cristalino...

Hermana de la tierra y los senderos
que atraviesan la selva de mis sueños,
tan intensos y oscuros, tan sin dueños...
Amiga de la luna y los luceros.

Vivir es un cordel de rudo esparto
atado a tu cintura, con los años
el morir sin remedio está en el viento.

Palpita el corazón, con él comparto
los silencios, también los desengaños...
En tu rostro amanece el firmamento.

CLVIII
Ternura

Me mueve a la ternura tu silueta,
me endulza el corazón. A contraluz.
El balcón entornado en la quietud.
Recortada en el aire la veleta,

apenas se conmueve, apenas quieta.
Reposa mientras juega con la luz,
gozosa, pura y libre en la virtud.
La casa silenciada y recoleta.

Me adormezco sentado en un rincón.
Las cuatro en el reloj. En los tejados,
la ondulación del bronce en las alturas.

Te contemplo amansado el corazón,
los ojos semiabiertos, asombrados
de tanta plenitud sin desventuras.

CLIX
Me voy contigo

Si esta tarde te vas, me voy contigo
prendido de tu voz y tu cintura,
envuelta en esa estela de ternura
que expandes en el aire. Te persigo,

te sigo y te bendigo. Te me pierdes.
Te vas como la tarde por el llano
con las últimas lluvias del verano
sobre las piedras y los prados verdes.

Te vas como la tarde... tras los montes,
sembrando anocheceres, anunciando
un claro amanecer entre las flores.

En tu mirada, abiertos horizontes.
Te vas... el corazón libre, cantando.
La noche desvelando ruiseñores.

CLX
Todo aquello que no hay que amar

Haría falta un dios para crear
un mundo a tu medida. Un corazón
libre para soñar y la ocasión
de vivir con los ojos llenos de mar.

La plenitud del mar es el morir.
Acariciar las olas con las manos,
añorando la luz de otros veranos
en los que despertar era vivir.

Vivir, sentir... Aquí solo hay un hombre.
Un hombre que te mira al clarear
cada mañana y alegre se levanta.

Un hombre que te llama por tu nombre,
que ya se siente viejo para amar
todo aquello que no hay que amar y canta.

CLXI
Flor de pasión

Con los pies en la tierra, el corazón
en tu mirada. La ventana abierta.
Las rosas florecidas en tu puerta
aireando a los vientos la emoción

de sentir, de vivir. Flor de pasión
en la luz, inclemente, roja, cierta,
como la muerte. En permanente alerta.
Alcanzada la gloria en la fusión.

El viento me sostiene y me devora.
Me adentro en el vacío. Bendecida
la fuente clara que en el pecho mana.

El final de la noche con la aurora
anuncia un nuevo día, enardecida
la claridad que porta la mañana.

*El pozo oscuro
refleja en lo más hondo
la luz del alba.*

CLXII
La ascensión del ciprés

Mi ventana se abre al interior
donde crece un ciprés adolescente.
En el centro del patio hay una fuente
y en el aire un dorado resplandor.

Los rosales sin rosas, el temblor
del sol en las paredes. El poniente
ilumina las sombras de mi frente.
Tarde invernal. Los almendros en flor.

La ascensión del ciprés en el aroma
que al viento expanden estas soledades.
La claridad en la raíz del alma.

Anochece en el patio, una paloma
arrulla en el silencio, intimidades
que reposan sonoras en la calma.

CLXIII
El don del corazón

El rumor de la noche en el pinar
apacigua el fulgor de las estrellas.
La luna deja sus aladas huellas
sobre el resplandor gris del olivar.

Los murmullos del bosque en la ventana
empapan de silencio mis entrañas.
Hay un clamor de luz en las montañas
en la quietud que abre la mañana.

Bajo la dulce suavidad del alba
el paisaje agiganta la emoción
de vivir por vivir la madrugada.

El cielo resplandece con el malva.
La alegría es el don del corazón.
El despertar del mundo en la mirada.

De madrugada
la casa sin paredes
y sin ventanas.

CLXIV
Proclamación del alba

Oscuro amanecer, crudo, invernal…
en la blanca ventana recuadrado.
La sombra a las espaldas. Aquietado.
Soledad en la calma matinal.

Inmerso en un vacío germinal,
enraizado, en reposo ensimismado.
El curvo palpitar del descampado
se expande esclarecido y virginal.

La calma tras las lomas. Alegría.
Dormir y despertar en la quietud
revestida de azul la lejanía.

La noche se disuelve en el trasluz
abierto el portalón del nuevo día.
¡Proclamación del alba!… Plenitud.

CLXV
Dulzura sin huellas

Se anuncia un resplandor en la ventana
matizando el silencio con su luz.
Estoy sentado, abierto, la quietud
me envuelve y me sostiene en la mañana.

La oscuridad nocturna honda y lejana
se mece suspendida en el trasluz.
Amanece. Gloriosa prontitud.
Resplandece el cristal de la ventana.

Renace el nuevo día en la distancia,
palpitan temblorosas las estrellas.
En la calma aquietado el corazón.

La claridad relumbra en la insustancia
del aire en el azul, sigue las huellas
que deja tras de sí una bendición.

CLXVI
Serena anunciación

El silencio enmudece la ciudad.
Claridad matinal transfigurada.
La casa, recogida, amoratada,
en la sonora soledad temprana.

Cadencia de la vida. Intimidad.
La noche se diluye en su escapada
tras las lomas. El alba acariciada.
La calma abierta. El respirar en paz.

Avanza poderosa por los llanos
la mañana. Serena anunciación.
Despertar liberado de añoranza

en el cálido cuenco de las manos
remansado del todo el corazón.
La aurora es un clamor en lontananza.

CLXVII
Advenimiento

El hondo resplandor de una mirada,
en la sobria penumbra matinal,
me cubrió con su velo virginal.
Presencia de una luz inesperada.

Endulzada de azul la madrugada.
En lo oculto murmura un manantial
que fluye desde el centro vertical
del corazón. Ardiente llamarada.

Sosegado rincón. Advenimiento
en el puro silencio de la calma,
donde todo respira en la quietud.

Transparencia del aire, dulce aliento,
que penetra en lo más hondo del alma
en esta hora colmada por la luz.

CLXVIII
Despertar

La calma sin medida en el sentido.
La mañana secreta. Despertar.
El azul en el aire busca el mar.
En el campo un clamor amanecido.

Mecida la quietud en el latido
del corazón. Gozoso madrugar.
Ser, vivir plenamente, respirar.
Revivir en el fondo renacido,

en el rincón oculto, en el remanso
del silencio sin muros y sin puerta,
donde la inmensa noche se serena.

Resplandece la aurora. Un viento manso
me acaricia la espalda. Umbrosa huerta.
¡Gozoso amanecer de luz tan plena!

CLXIX
La noche del arcano

Parpadea una luz en el trasfondo
oscuro e inalcanzable del arcano.
La sobriedad horizontal del llano
se expande por las lomas en redondo.

El cuenco de la noche primigenia,
bajo el caparazón del firmamento,
germina en su interior un pensamiento
que un ancestral demiurgo al alba ingenia.

Despejadas las brumas, la mañana,
abierta la conciencia presentida,
descorre las cortinas de la esencia.

La claridad palpita en la ventana
en estas horas que a vivir convida,
traspasado el temblor de la existencia.

CLXX
Siesta de verano

La luz es un clamor en el espacio
del aire. Honda quietud, suaves fragancias.
Fundida la tensión de las distancias
el tiempo se desliza tan despacio...

La siesta es un rumor en la sombra,
un temblor en los árboles del río.
En los cielos un profundo escalofrío
y el descampado es una ardiente alfombra.

El sosiego de la hora me adormece.
En el viejo reloj a punto están
de dar las tres. La tarde es un remanso,

donde se endulza el alma, donde crece
la paz del sueño, sin ningún afán,
sumergido en la gloria del descanso.

CLXXI
Infancia liberada

Donde la claridad inmaculada,
contenida en la luz de la mañana,
se expande libre, abierta la ventana.
Donde la infancia inicia su escalada

trenzado el corazón en la escapada.
Con la lluvia, monótona y lejana,
empapando los campos con desgana.
La niñez resplandece aletargada.

El aire en los tejados se adormece
recortadas azules las montañas.
¡Infancia liberada al despertar!

En la distancia todo permanece,
los recuerdos alertan las entrañas,
tan hondos… tan difícil de olvidar.

Con el año nuevo
que tu felicidad
no sea un sueño.

CLXXII
Enero

Desgastada la noche rumorosa
palidece la calma de los cielos,
y en honda consonancia con la rosa
la niebla se desploma por los suelos.

Con la aurora incipiente y silenciosa,
envuelto el aire en invisibles hielos,
la mañana despunta jubilosa.
Sobre los campos, húmedos revuelos.

Al despertar el día, la evidencia
del clamor de la luz por los senderos.
¡Vuelve a nacer de nuevo la inocencia!

La nieve entre los pinos enrojece.
En el azul, los últimos luceros
con ángeles que cantan. Amanece.

CLXXIII
Febrero

Febrero me invadía el sentimiento
traspasando el cristal de mi ventana.
El temblor invernal de la mañana
se agigantaba gélido en el viento.

Bajo un húmedo cielo ceniciento
el día avanzaba con desgana.
Con la incipiente claridad temprana
mi corazón latía sin aliento,

aplanaba febrero sus latidos
herido por el dardo de la ausencia.
El vacío sin alma en los espejos.

La añoranza acentuaba el sinsentido
colmado el sinsabor de la impaciencia.
Las calles despertaban sin reflejos.

CLXXIV
Marzo

Me ciega con su luz la primavera
con marzo en la raíz del sentimiento.
Los bloques de ladrillos y cemento
avanzan por la tierna sementera.

Sobre el verde esplendor de la pradera
la banderola azul del firmamento
palidece arrastrada por el viento.
Los almendros en flor en la ladera.

Replegado el candor de la inocencia,
el ocaso despunta rutilante
detrás de amoratados armazones.

Al descampado, hundido en la inclemencia,
desairada la calma del instante,
lo invaden encendidos nubarrones.

CLXXV
Abril

Se despertaba abril en tus mejillas.
La brisa proclamaba tu inocencia
impregnada de luz y transparencia.
Primavera de flores amarillas.

Abril se desvelaba en tus entrañas.
Entre los verdes prados los narcisos
y en el temblor del río los alisos;
a lo lejos la nieve en las montañas.

El fulgor del crepúsculo en el viento
incendiaba la tarde amoratada.
El paisaje era un hondo sentimiento.

Despejados los aires de tu frente,
abril resplandecía en tu mirada,
en tu rostro sereno, transparente.

CLXXVI
Mayo

Mayo se me trenzaba en el costado.
El aire transparente atardecía…
El sol entre las lomas descendía
contra un inmenso cielo amoratado.

Mayo se me fundía en el costado…
Al fondo la ciudad resplandecía
en los ardores últimos del día
silenciado el rumor del descampado.

El cielo en las alturas liberaba
el revuelo vivaz de las palomas
acariciadas por la luz y el viento.

El fulgor del crepúsculo irradiaba
en la calma ondulada de las lomas.
Mayo me desvelaba el sentimiento.

CLXXVII
Junio

Junio me ensancha libre la mirada.
Amanece sereno y transparente
con el rumor del agua bajo el puente.
Renace en el azul la madrugada.

La luz es un clamor, transfigurada,
me corona con júbilo la frente.
Camino junto al río, la corriente
me acompaña entre piedras enredada.

Y la fruta en los árboles madura.
Relumbran ondulados los trigales
bajo el ardiente manto del verano.

Me acaricia la brisa con dulzura,
los chopos se levantan verticales
en la sutil profundidad del llano.

CLXXVIII
Julio

Caminaban dos jóvenes desnudos.
La mañana se abría ante sus ojos.
El descampado ardía en los rastrojos
mientras se desplegaban los agudos

e intensos resplandores del verano.
Vibraban jubilosas sus miradas
acariciando lomas sonrosadas.
Su candor se expandía por el llano.

La calima flotaba nebulosa
embriagando los aires de insustancia
insensible al azul del firmamento.

La mañana, encendida y vaporosa,
se mecía serena en la distancia.
Julio prendía fuego al sentimiento.

CLXXIX
Agosto

Agosto, el de los campos encendidos,
afilaba el perfil de la distancia.
La tarde, sumergida en su fragancia,
penetraba serena en los sentidos.

Agosto, el de los aires bendecidos.
Me dejaba invadir por la inconstancia
del alegre fulgor de la abundancia.
Los campos ondulados, atardecidos.

El crepúsculo aunaba el sentimiento
frente a la transparencia de los cielos
en un hondo silencio acompasado.

Los vencejos, abierto el firmamento,
cruzaban el azul con sus revuelos.
La noche acariciaba el descampado.

CLXXX
Septiembre

Septiembre transparente en tu mirada.
El aire esclarecido, su fragancia
impregna la arboleda. Resonancia.
Es tiempo de nostalgia amortiguada,

de silencio enfrentado con la nada.
La lluvia y su monótona inconstancia
apacigua la tarde en la distancia.
Septiembre, tibia atmósfera dorada.

Desplegado el crepúsculo en el viento
la noche se desploma enrojecida.
Me refugio gozoso en tu regazo.

Septiembre rumoroso, el sentimiento,
alcanzada la gloria presentida,
nos enlaza a los dos en un abrazo.

CLXXXI
Octubre

El cielo amortajado en la distancia
se deshila en los grises del poniente.
Junto al sordo rumor de la corriente
la alameda despliega su fragancia.

La inclinación granítica del monte,
teñida de colores otoñales
enrojece la tarde. En los bancales
apacigua su luz el horizonte.

Ahondado y sereno el sentimiento
en la tarde que vibra transparente
menguada la distancia de lo eterno.

Sostenido en el ámbito del viento,
la noche se desploma inconsistente,
presiente la inminencia del invierno.

CLXXXII
Noviembre

Fundida la nostalgia en tus entrañas
en esta tarde oscura y silenciosa,
arruinado el aroma de la rosa.
Atardece con nieve en las montañas.

Noviembre, confundido con las horas
que dormitan colgadas de la ausencia.
Los cipreses, mecida su cadencia,
transpiran resonancias insonoras.

Apagada tu llama bajo tierra,
el aire es un arrullo de palomas
rebotando en la calma de los cielos.

El sentimiento al corazón se aferra.
La ondulación incierta de las lomas
en el cruce esencial de los anhelos.

CLXXXIII
Diciembre

Diciembre en las entrañas del invierno.
El final de la noche ensombrecido
relumbra en el silencio. Año vencido,
renovada la rueda de lo eterno.

La aurora, raíz de la mañana,
desteñida de rosa en sus albores,
se expande entre azulados resplandores.
Al fondo la ciudad gris y lejana.

Apacigua el instante el sentimiento,
penetra el corazón del descampado
en la serena ondulación del viento.

El rojo desteñido en la distancia
despunta jubiloso y liberado
en la más sorprendente resonancia.

Al despertar
la noche era una estrella
en tu ventana.

CLXXXIV
Fe de Vida

La palabra da fe de mi existencia
sometida a la forma del soneto.
Palabra en libertad, sutil secreto,
engendrada en el cuenco de la esencia.

La noche, sostenida en su potencia,
renueva la armonía de lo escueto,
sincera conjunción de lo concreto
en la dulce quietud de la conciencia.

La mañana en la calma bendecida.
La palabra hecha carne. La evidencia
de la luz se me impone sin medida.

Me adentro en el asombro de la vida.
Aunado el palpitar de la existencia,
doy fe de una bondad desconocida.

Índice

Ediciones Vitruvio

Colección Baños del Carmen

Últimos libros publicados:

Mil años de poesía

Autobús nocturno, de Luis
Machuca Moreno

Donde nadie dirige la mirada, de
Fernando Fiestas

Siempre promete amanecer, de
Ignacio Eufemio Caballero

Recuento de ilusiones, de Norberto
Garcés

Y la que escucha no es ella, de
Silvia López Ripoll

La levedad, de Cristina Liso

La niña que ha sembrado la tierra
del poema, de Josela Maturana

Despacio y tiempo, de Angie
Expósito

El agua en la mano, de Félix Recio

Parábola entre parabólicas, de
Pablo Villa

Centinela del viento, de Daniel
López Acuña

Guiñol, de Pedro López Lara

Historias encontradas, de Domingo
Luis Hernández

El gozo cumplido, de María José
García Mesa

Postales del norte, de Juan Gil
Bengoa

Obra poética incompleta, de Yong-
Tae Min